Hermann Koppehl

Die Verwandtschaft Leibnizens mit Thomas v. Aquino in der Lehre vom Bösen

Hermann Koppehl

Die Verwandtschaft Leibnizens mit Thomas v. Aquino in der Lehre vom Bösen

ISBN/EAN: 9783744668064

Hergestellt in Europa, USA, Kanada, Australien, Japan

Cover: Foto ©ninafisch / pixelio.de

Weitere Bücher finden Sie auf **www.hansebooks.com**

Die Verwandtschaft Leibnizens mit Thomas v. Aquino in der Lehre vom Bösen.

...

Inaugural-Dissertation

der

philosophischen Fakultät der Universität Jena

zur

Erlangung der Doktorwürde

vorgelegt

von

Hermann Koppehl.

Jena,
Frommannsche Hof-Buchdruckerei
(Hermann Pohle)
1892.

Meinem teuren Vater

in Liebe und Dankbarkeit gewidmet.

Inhaltsübersicht.

Einleitung.

Die Frage nach dem Ursprunge und dem Wesen des Bösen ist uralt. Sobald der Mensch sich des scharfen Gegensatzes von Gut und Böse bewußt wurde, mag er sich die Frage vorgelegt haben, woher stammt das Böse, was ist sein Wesen. Jeder Lösungsversuch dieses ewigen Problems setzt Glauben und Zutrauen zur Fähigkeit der Vernunft voraus, bekundet also einen gewissen Rationalismus, der freilich, entsprechend den Umgebungen und Zeitrichtungen, unter deren Einflusse der Forschende aufwuchs, sehr verschieden gestaltet sein kann.

Der Grieche der vorsokratischen Zeit, den der tiefgehende Zwiespalt von Natur und Geist, von Böse und Gut noch nicht beunruhigte, der sich voll und ganz der naiven Naturbetrachtung und -verehrung hingab, nahm das Böse als etwas ganz Selbstverständliches hin und versenkte sich nicht in tiefere Grübelei. Wußte er keinen stichhaltigen Grund für die Existenz des Bösen anzuführen, so tröstete er sich mit der Annahme, daß das Böse ein Werk und eine Schickung der auf den Menschen und sein Glück neidischen Götter sei. Schon weniger leicht ließ sich die Frage erledigen, als der Zwiespalt des Geistes und der Natur auch dem Griechen sich

1

unabwendbar aufdrängte. Einen Plato und Aristoteles hat
unser Problem stark beschäftigt, und sie fanden eine gewisse
Lösung desselben nur in ihrem Dualismus von Form und Stoff,
von Geist und Materie, und wiesen das Böse, das sie zur bloßen
Unvollkommenheit abschwächten, und dessen Kraft und Realität sie leugneten, der Materie, dem Stoffe zu. Je mehr das
griechische Leben dem Verblühen zueilte, um so brennender
wurde die Frage, um so beängstigender das Problem. Die
Frage nach dem Bösen, die früher nur eine untergeordnete
Rolle gespielt, und mit der man sich leicht abgefunden hatte,
nimmt einen immer breiteren Raum in den philosophischen
Systemen ein. Je mehr man sich bemühte, den klaffenden
Riß zwischen Geist und Natur, zwischen Gott und Welt
wieder zusammenzufügen und zwar, indem man entweder
den Geist oder die Natur leugnete und das Eine dem Andern
völlig unterordnete, um so mehr mußte man sich mit der
Frage des *unde malum* beschäftigen. Die Thatsächlichkeit
dieser Annahme erweist ein Blick auf das stoische und neuplatonische System, diese beiden Antipoden, von denen das
Erstere Geist und Natur aufs engste verbindet, das Andere
die Natur zu einer bloßen Erscheinung des Geistes macht.
Beide dringen im Gegensatze zu dem Dualismus der platonischen Metaphysik auf die Einheit der letzten Ursache
und der von ihr ausgehenden Weltordnung, beide sind
monistisch.

Der Stoizismus leugnet, wie wir schon bemerkten, jedes
abgelöste Geisteswesen und verlangt für alle Wirklichkeit
irgendwelche körperliche Natur. „Allerdings erscheinen bei
ihm Stoff und Kraft als verschiedene oberste Prinzipien, aber
die Kraft ist nicht etwa abgesondert vom Stoffe. Diese Kraft
muß aber zugleich als die Seele der Welt, als die höchste
Vernunft, als ein gütiges, wohlthätiges, menschenfreundliches

Wesen, als Gottheit bezeichnet werden." cf. Zeller, Die Philosophie der Griechen, III. Teil, 1. Abt., 3. Aufl., S. 134. Da alles in der Welt seine Eigenschaften, seine Bewegung und sein Leben ihr zu verdanken hat, so muß sie zu dem Weltganzen in einem ähnlichen Verhältnisse˙ stehen, wie unsere Seele zu unserem Leibe, sie durchdringt alle Dinge wie das $\pi\nu\varepsilon\tilde{\iota}\mu\alpha$; sie ist die Seele, der Geist ($\nu o\tilde{\iota}\varsigma$), die Vernunft der Welt ($\lambda\acute{o}\gamma o\varsigma$), die Vorsehung, das Verhängnis, die Natur, das gemeinsame Gesetz. Alle diese Begriffe bezeichnen den gleichen Gegenstand, nur nach verschiedenen Seiten. „Ihrem Wesen nach sind daher Gott und Welt durchaus dasselbe, wie denn auch beide Begriffe von den Stoikern für gleichbedeutend erklärt werden, und wenn sie sich trotzdem auch wieder unterscheiden sollen, so kann dieser Unterschied doch immer nur ein abgeleiteter und teilweiser sein. Das gleiche allgemeine Wesen heißt Gott, wenn es in seiner Einheit, Welt, wenn es in seiner Entfaltung, in der Mannigfaltigkeit der Formen betrachtet wird, die es im Laufe seiner Entwicklung annimmt." cf. Zeller, Philos. d. G., III. T., 1. Abt., 3. Aufl., S. 146. Eine unverbrüchliche Notwendigkeit, ein fest verkitteter Zusammenhang von Ursache und Wirkung bestimmt alles Geschehen. Auf diesem Zusammenhange ($\sigma\nu\mu\pi\acute{a}\vartheta\varepsilon\iota\alpha$ $\tau\tilde{\omega}\nu$ $\ddot{o}\lambda\omega\nu$) beruht die Einheit, auf der Vernünftigkeit der Ursache, von der er ausgeht, beruht die Schönheit und Vollkommenheit der Welt. Je mehr sich nun die Stoiker bemühten, ihren optimistischen Vorsehungsglauben durch Beweise aller Art zu festigen, um so weniger konnten sie sich der Aufgabe entziehen, „die durchgängige Vollkommenheit der Welt nachzuweisen und gegen die Einwürfe, die das vielfache Uebel an die Hand gab, zu verteidigen". Der Inhalt ihrer Beweisführung ist in kurzem der, daß die Unvollkommenheit des Einzelnen der Vollkommenheit des

Ganzen diene. Sie suchen die Realität des Bösen, in dem
sie nur Unvollkommenheit sehen, und das sie als Mittel zur
Erreichung größerer Vollkommenheit ansehen, durch den
Zweckbegriff zu bewältigen. Ihre Beweise haben allen spätern
Versuchen zum Vorbilde gedient. (cf. Ed. Zeller, Grundriß
d. G. d. g. Ph., 1883, S. 208.) Im Gegensatze zum mate-
rialistisch-pantheistischen System der Stoiker findet der Neuplatonismus seine Lösung darin, die Gesamtheit alles Endlichen mit Einschluß der Materie stufenweise aus einem
durchaus unerkennbaren und bestimmungslosen Urwesen ab-
zuleiten. Der Gegensatz des Unendlichen und Endlichen,
des Geistes und der Materie wird nicht nur aufs Aeußerste
gespannt, sondern „von dem abstraktesten Gottesbegriffe aus
soll der Uebergang zum Endlichen in regelmäßiger Stufen-
folge gemacht, alle Formen des sinnlichen und übersinnlichen
Seins sollen an ihrem Orte in das System der göttlichen
Wirkungen eingereiht und auch die letzte Spitze der Endlichkeit, die materielle Existenz, soll nicht aus einem zweiten
Prinzipe neben der Gottheit, sondern nur aus der natürlichen Abstufung der göttlichen Offenbarungen erklärt werden".
Zeller, G. Ph., III T., 2. Abt., S. 433. In seiner Gottesidee weicht Plotin, ohne sich dessen bewußt zu werden, im
Prinzipe von Plato, dessen Lehre er ja nur wieder neu be-
arbeiten will, dadurch erheblich ab, daß er das Eine oder
Gute, welches dem Plato die höchste der substantiellen Formen
ist, über den Kreis der Ideen hinaushebt. Das höchste
Wesen ist ihm nicht mehr das Seiende, sondern ein Ueber-
seiendes ($\hat{\epsilon}\pi\hat{\epsilon}\kappa\epsilon\iota\nu\alpha$ $\tau\tilde{\eta}\varsigma$ $o\dot{v}\sigma\hat{\iota}\alpha\varsigma$), das Eine ist ihm nicht mehr
$\tau\grave{\alpha}$ $\pi\acute{\alpha}\nu\tau\alpha$, sondern existiert $\pi\varrho\grave{o}$ $\pi\acute{\alpha}\nu\tau\omega\nu$. Er treibt den Gedanken der Unendlichkeit und Ueberweltlichkeit Gottes auf
die äußerste Spitze. Er rückt den letzten Grund über alles
Sein und Erkennen hinaus, weder Denken noch Wille noch

Thätigkeit kann ihm beigelegt werden. „Ist aber dem
Höchsten weder Thätigkeit noch Denken und überhaupt
keine Bestimmtheit beizulegen, so kann ihm auch weder
Leben noch Sein zukommen"[1]), und es ist damit die Persönlichkeit der höchsten Weltursache geleugnet, ans dem mate-
rialistischen Pantheismus der Stoiker wird damit ein dyna-
mischer.

Aus diesem Urgrunde geht nun die Gesamtheit des Endlichen hervor nicht etwa durch einen Willensakt, sondern
durch Ausstrahlung, ein Überströmen der Kraftfülle, gleich-
wie aus der Sonne die Sonnenstrahlen hervorgehen. Die
Gesamtheit der vom Urwesen stammenden Wesen bildet eine
Stufenreihe mit abnehmender Vollkommenheit bis zum Nichtsein. Die Sinnenwelt ist ein der wahren Wirklichkeit entbehrendes Sein, ein μὴ ὄν, etwas Unvollkommenes. Der
Grund davon kann nur in der Materie liegen. Je weiter
sich das endliche Wesen vom Urquell entfernt, um so unvoll-
kommener wird es. Die Unfähigkeit des Neuplatonismus zu
einer befriedigenden Lösung unserer Frage zeigt sich darin,
daß er doch schließlich zum Dualismus seine Zuflucht nimmt,
den er doch so stark befehdete. Trotzdem er soeben die Erscheinungswelt ein der wahren Wirklichkeit entbehrendes
Sein genannt hat, behauptet er doch, sie sei schön und vollkommen, und bedient sich zum Erweise dieser Behauptung
der uns schon bekannten Hypothesen der Stoiker.

Beide Systeme betrachten das Böse und sein Wesen von
einem zwiefachen Standpunkte:

a) vom metaphysischen. Das Böse, Unvollkommene gehört zum Wesen des Irdischen.

b) vom ästhetisch-harmonischen. Das Böse, Unvoll-

1) Z e l l e r , Griech. Philos., III. T., 2. Abt. S. 488.

kommene muß in der Welt sein, um größere Vollkommenheit hervorzurufen, ist für die Schönheit gerade unserer Schöpfung unentbehrlich. Das geistige Erbe des in sich selbst zerfallenen und bankerotten Heidentums trat das junge Christentum an. Solange dasselbe erst um seine Existenz zu kämpfen hatte, konnte es nicht daran denken, seine Lehren in ein philosophisches Gewand zu hüllen, der Gegensatz zur heidnischen Weltweisheit war zu groß, als daß es daran gedacht hätte, sich mit den philosophischen Problemen desselben inniger zu beschäftigen. Vielmehr mußte der im harten Kampfe schroff hervortretende Gegensatz heidnischer und christlicher Weltanschauung dazu führen, daß dasselbe seine spezifischen Lehren recht scharf ausprägte. Diese feindliche Stellung gegenüber dem antiken Geistesleben war aber nur so lange denkbar und verständlich, als die christliche Religion nur eine Religion neben den Religionen war. Doch als sie als eine festgegründete Weltmacht dastand, da mußte sie wohl oder übel sich mit der heidnischen Philosophie beschäftigen, wollte sie anders die alte Weltanschauung überwinden. Die ersten Versuche einer Verknüpfung von Philosophie und Christentum machten die Apologeten. „Allein was die Apologeten boten, war doch nur ein Aneinanderfügen zu nennen, keine wirkliche Auseinandersetzung der streitenden Prinzipien" [1]). An diese große Aufgabe wagte sich erst Augustin.

„Wie bereits im Kultus und der Kirchenverfassug eine Verbindung von Altertum und Christentum eingetreten war, so wurde jetzt auch auf dem speziellen Gebiete der Wissenschaften von diesem Denker großen Stiles der Versuch gemacht, christliche Lehren und griechische Kultur in Zu-

---

1) cf. M o l s d o r f, Die Idee des Schönen in der Weltgestaltung bei Thomas von Aquino, Jena 1891, S. 8.

sammenhang zu bringen. Die enge Beziehung, in die der
Glaube alles Sein zu Gott setzte, sollte auch als ein Resultat
wissenschaftlicher Untersuchung und Erörterung erwiesen
werden" [1]). Doch auch Augustin gab mehr „Umrisse in
großen Zügen" als eine umfassende Behandlung, in der „der
gesamte Weltinhalt zum Christentum in nähere Beziehung
getreten wäre" [2]). Als gelehriger Schüler der Alten, aus
antiker Umgebung herausgewachsen, nimmt er gern aus allen
heidnischen Systemen das Brauchbare in sein System über.
Schien dem Heiden Augustin auf die Frage nach dem
Ursprunge des Uebels der manichäische Dualismus, der dem
Reiche des Bösen dieselbe Berechtigung erteilt wie dem des
Guten, die befriedigende Antwort zu geben, so hatte ihn der
neuplatonische Gedanke der Harmonie des von Gott geschaffenen Universums in allen seinen Teilen über den
Dualismus erhoben. Gern erkennt er die hohen Verdienste
der Platoniker an: *qui Platonem ceteris philosophis gentium
longe recteque praelatum acutius atque veracius intellexisse
atque secuti esse fama celebriore laudantur. Nulli nobis
quam isti propius accesserunt.*

Den neuplatonischen transcendenten Gottesbegriff reinigte
er möglichst von seinen Auswüchsen und verwandte ihn für
sein System. Wir werden in der späteren Ausführung auf eine
Reihe von Annahmen hinweisen, die er zweifelsohne von den
Neuplatonikern entlehnt.

Eine schulmäßige Behandlung unseres Problems finden
wir erst im 13. Jahrhundert, wo das Christentum einen
engen Bund schloß mit dem neuerstandenen Aristotelismus
und denselben zum systematischen Ausbau seiner Lehre ver-

1) cf. W. Molsdorf, Die Idee des Schönen bei Thomas v. A., S. 2.
2) Eucken, Die Philosophie des Thomas v. A. und die Kultur der
Neuzeit (Halle 1886), S. 5.

wandte. Diese enge Verbrüderung kann auf den ersten Augenblick sehr merkwürdig und auffallend erscheinen. Doch wir müssen uns vergegenwärtigen, daß die spezifisch christlichen Lehren durch den Einfluß des Neuplatonismus, wie er hauptsächlich durch die Schriften des Pseudo-Dionysius in weiten christlichen Kreisen bekannt geworden war, großen Wandel erfahren hatten. Dazu kommt noch als zweites wichtiges Moment die Thatsache, daß der Aristotelismus durch eben diese Systeme und durch seine monotheistischen arabischen Kommentatoren mannigfache Veränderungen erfahren hatte und so dem Christentume der damaligen Zeit annehmbarer geworden war. So hat er denn die anfängliche Abneigung der christlichen Denker der damaligen Zeit, die bis zu einem strengen Verbote seiner Schriften geführt hatte, verhältnismäßig leicht und bald überwunden und im Bunde mit dem Christentume jene gewaltigen mittelalterlichen Systeme hervorgerufen, die man wohl mit den Staunen und Bewunderung erregenden gothischen Domen verglichen hat, und deren vollendetstes und am besten ausgebautes das Thomistische ist.

Wunderbarerweise finden sich auf der Höhe der Scholastik und auf der Höhe der nachscholastischen Philosophie, die in schwerem Kampfe mit der Scholastik erst ihre Stellung errungen, und als deren Repräsentanten wir Leibniz ansehen dürfen, bei allen sonstigen schroffen Gegensätzen gerade in unserem Probleme merkwürdige Uebereinstimmungen. Der Grund hierfür mag wohl, wie schon im Eingange angedeutet ist, darin liegen, daß ein jeder, der sich um die Lösung dieses Problems müht, der *ratio* Vertrauen schenken muß, also gewissermaßen ein Rationalist ist. So verschieden nun auch der Rationalismus eines Thomas, den wir den religiösen nennen dürfen, weil er zu demselben gelangt ist bei Entwicklung der christlichen Glaubenswahrheit, von dem eines

Leibniz ist, für den die wissenschaftliche Einsicht die Haupt-
sache und dem als Theoretiker hauptsächlich am kausalen
Begreifen gelegen ist, so ist doch die Richtung dieser beiden
für bedeutende und bleibende Geistesströmungen typischen
Persönlichkeiten im Kerne dieselbe. Beide vertreten einen
Sieg der theoretischen Vernunft über die praktische, beide
bemühen sich eine Versöhnung zwischen Gut und Böse her-
zustellen und das Entweder — Oder, den Kampf der beiden
Antipoden, abzuschwächen. Beide sind ihrer Geistesrichtung
nach optimistische Rationalisten, da sie mit ihrem endlichen
Verstande ein über alles Endliche und alles Begreifen hinaus-
gehendes Problem lösen zu können vermeinen.

So frappierend und paradox die Zusammenstellung dieser
beiden zudem durch einen Zeitraum von vier Jahrhunderten
getrennten Männer auf den ersten Augenblick sein mag, so
interessant und lohnenswert ist doch ein tieferes Eingehen
auf die Frage ihrer geistigen Verwandtschaft. Daß Leibniz
innig vertraut gewesen ist mit der Lehre des Thomas
und derjenigen der meisten Scholastiker, ist heute eine bekannte Thatsache. Wiederholt erklärt er ihn für den „glück-
lichsten"[1]) Vertreter der aristotelischen Philosophie, ja es
ist in der letzten Zeit von berufenen Forschern die Behauptung aufgestellt worden, daß Leibniz den Aristotelismus
durch die Brille des Thomismus betrachtet habe[2]). So soll
der Begriff des Individuellen auf das *suppositum* und die
forma substantialis des Thomas zurückführen, ebenso soll
er ihm die Hypothese von der Kontinuität des Weltganzen
und der Unteilbarkeit der substantiellen Formen entlehnt
haben[3]). Doch wie es sich auch mit diesen noch nicht zur

1) cf. L. S t e i n, „Leibniz u Spinoza", S. 154.
2) cf. L. S t e i n, S. 163.
3) cf. L. S t e i n, S. 166 u. 167, 168, 170, 173, 174, 180.

Genüge erwiesenen Hypothesen verhalten mag, das steht
unwandelbar fest, daß er vom Studium der Scholastiker aus-
gegangen und stark von ihnen in seiner Jugend beeinflußt
worden ist [1]). Noch in reiferen Jahren rühmt er sich wiederholt mit großer Genugthuung seiner eingehenden Kenntnis
der Scholastiker, er rühmt den bewunderungswürdigen
Scharfsinn des Thomas [2]). In seinem *Discours de métaphysique* äußert er sich folgendermaßen [3]): „Man ist in der
Gegenwart nicht geneigt, dem heiligen Thomas und anderen
Männern seiner Zeit Gerechtigkeit widerfahren zu lassen.
Und doch haben die Anschauungen jener Philosophen mehr
Gediegenes, als man vermutet, wenn man sich ihrer nur mit
richtigem Verständnis bedient. Ich bin überzeugt, daß ein
genauer und tiefdenkender Forscher einen Schatz hochwich-
tiger und durchaus erweisbarer Wahrheiten bei ihnen zu
entdecken vermöchte, wenn er sich der Mühe unterziehen
wollte, ihre Gedanken aufzuhellen und sie in exakt wissen-
schaftlich-mathematische Form zu bringen." An einer anderen

1) **E r d m a n n**, Bd. I, S. 124. *Syst. Nouv. de la Nature: J' avois pénétré
bien avant dans le pays des Scolastiques.*

2) *de Stilo philosophico Nizolii,* S. 68. *Nec vereor dicere Scholasticos
vetustiores nonnullis hodiernis et acumine et soliditate et modestia et ab inutili-
bus quaestionibus circumspectiore abstinentia valde praestare.*

cf. *De vera Methodo Philosophiae et Theologiae.* **E r d m a n n**, S. 109.
*Videbam summos viros D. Thomam et S. Bonaventuram et Guilielmum Du-
randam et Gregorium Ariminensem et tot alios eorum temporum scriptores
non paucas dedisse primae philosophiae propositiones admirandae subtilitatis,
quae severissime demonstrari possent.*

3) **G e r h a r d t**, Bd. IV, S. 435, c XI. *Discours de métaphysique: apres
avoir fait moy même des recherches qui m' ont fait reconnoitre que nos modernes
ne rendent pas assez de justice à S. Thomas et à d'autres grands hommes de
ce temps là, et qu' il y a dans les sentimens des philosophes et theologiens scho-
lastiques bien plus de solidité qu' on ne s' imagine, pourvu qu' on s' en serve à
propos et en leur lieu. Je suis même persuadé, que si quelque esprit exact et
meditatif prenoit la peine d' éclairir et de digerer leurs pensées à la façon des
Geometres analytiques, il y trouveroit un tresor de quantité de verités tres im-
portantes et tout à fait demonstratives*

Stelle [1]) sagt er: *On sera surpris que je prétends rehabiliter en quelque façon Aristote, S. Thomas et les Scolastiques.* Thomas ist nach ihm „ein Autor, der auf den Grund zu gehen pflegt" [2]), ja er scheut sich nicht, sich einfach auf die Autorität des Thomas zu berufen, um Bedenken der Gegner gegen seine Behauptungen abzuwehren [3]). Am auffälligsten tritt dies hervor bei der Lehre vom vorhergehenden und nachfolgenden Willen und der von der Zulassung des Uebels zum Besten des Universums.

Gerhardt'sche Ausgabe Vol. VI, S. 382, I. Objektion: *Mais il suffit de considerer le passage cité de Thomas d'Acquin et celuy de Scot, pour voir qu'ils prennent cette distinction comme on l'a prise icy.*

S. 246: *Thomas d'Acquin a entrevu ces choses lorsqu'il a dit: ad prudentem gubernatorem pertinet negligere aliquem defectum bonitatis in parte, ut faciat augmentum bonitatis in toto* (Th. c. g. l. II, 71).

S. 377: *On a montré cela plus amplement dans cet ouvrage, en faisant même voir par des instances prises des Mathematiques et d'ailleurs, qu'une imperfection dans la partie peut être requise à une plus grande perfection dans le tout. On a suivi en cela le sentiment de S. Augustin, qui a dit cent fois que Dieu a permis le mal,*

---

1) **Gerhardt**, Bd. IV, S. 471, 473, 479. *Syst. nouv.*

2) **Erdmann**, *Théod..* S. 600. *Thomas d'Aquin est un auteur qui a coutume d'aller au solide.*

3) cf. **Erdmann**, Bd I. *Syst. Nouv. de la Nat.* S. 125 : *Je voyais que ces formes et ces âmes devoient être indivisibles aussi bien que notre Esprit, comme en effet je me souvenois que c'était le sentiment de Saint Thomas à l'égard des âmes des bêtes.* **Gerh.** IV, 453. *Discours de métaphysique: Il s'ensuit de cela plusieurs paradoxes considerables comme entre autres que n'est pas vray que deux substances se ressemblent entierement, et soyent differentes solo numero et que ce que S.* **Thomas** *asseure sur ce point des anges ou intelligences est vrai de toutes les substances.*

*pour en tirer un bien, c'est à dire un plus grand bien;
et celuy de Thomas d'Acquin qui dit que la permission
du mal tend au bien de l'univers.*

Selbstverständlich kann bei einem so universalen und
selbständigen Geiste wie Leibniz nicht die Rede von einer
unmittelbaren Abhängigkeit sein, wir wollen nie vergessen,
daß er den heiligen Thomas nur *en quelque façon* wieder
zu Ehren bringen wollte. Er war nicht blind gegen die
Fehler und Mängel des Thomistischen Systems, aber wie er
keinen Anstoß nahm, aus jedwedem System die Goldkörner
„herauszuklauben"[1]) und in sein eigenes hineinzufügen, so
hat er es auch mit dem gehalten, was ihm bei Thomas
wertvoll dünkte. Er hat sie in sein System hineingewoben.
Kann man demnach auch nicht von einer schülerhaften Abhängigkeit des Leibniz von Thomas reden, so ist es doch
jedenfalls nicht zuviel gesagt, wenn man eine gewisse Verwandtschaft beider behauptet, und nach meiner Ansicht tritt
dies gerade bei unserer Materie ziemlich scharf hervor, ja
ich möchte, soweit ich die Sache beurteilen kann, behaupten,
daß die meisten Gründe und Hypothesen, welche Leibniz
zur Rechtfertigung des Daseins des Uebels in der besten aller
möglichen Welten vorgebracht hat, schon von Thomas und
seinen Vorgängern, einem Platon und Augustin, zu diesem
Zwecke aufgestellt worden sind. Ich werde in den folgenden
Zeilen streng bemüht sein, keinem von beiden zu Guunsten
des andern Gewalt anzuthun, und werde nie einen Versuch
machen, die große Zeitenkluft zu überspringen und die in ihr
begründeten verschiedenen Geistesrichtungen zu egalisieren.
Jedenfalls aber glaube ich behaupten zu dürfen, daß beide sich
näher stehen, als man gemeinhin annimmt, und daß bei allen

---

1) cf. G u h r a u e r, Deutsche Schriften I, 387.

Unterschieden, die später stets hervorgehoben und nicht unterdrückt werden sollen, sich thatsächlich eine oft bis in die Ausdrücke hineingehende Uebereinstimmung findet, uns kann es gleich sein, ob bewußt oder unbewußt. Da nun eine aktenmäßige Darstellung dieses Verhältnisses bei der Bedeutung des Problems eine gewisse Wichtigkeit hat, so werde ich im Nachfolgenden diesen gegenseitigen Beziehungen bis ins kleinste Detail nachspüren.

I.
a) Grundlegender Teil.

Um zunächst ein möglichst anschauliches Bild vom spezifisch Leibnizischen zu geben, möchte ich ausgehen von dem bekannten Sextusmythus am Schlusse der *Théodicée*, in dem uns Leibniz in wenigen Sätzen eine Quintessenz seines Systems giebt, und aus demselben nach Claß[1]), dessen treffliche Ausführungen ich diesem Teile zu Grunde lege, folgende drei Sätze formulieren:

1) Der konkrete Sextus ist ein integrierender Bestandteil dieser Welt, und der Verlauf seines Lebens ist ein integrierender Bestandteil des Verlaufes dieser Welt. Nicht nur die Wegnahme eines Bestandteiles, z. B. des Sextus, sondern auch schon die Abänderung seines Lebenslaufes würde diese Welt zu einer andern machen.

2) Diese Welt mit allen ihren Bestandteilen und ihrem gesamten Verlaufe ist zunächst als Möglichkeit Gegenstand des göttlichen reinen Denkens gerade so wie die unzählbare Menge der andern ebenfalls möglichen Welten. Ihre aktuelle Existenz hat ihren Grund darin, daß sie die vollkommenste aller möglichen Welten ist.

---

1) Die metaphysischen Voraussetzungen des leibnizischen Determinismus.

3) Der konkrete Sextus ist böse, aber nicht Gott hat ihn zum Bösen gemacht, er hat nur dem bösen Sextus den Eintritt in die aktuelle Existenz gestattet. Auch mit diesem bösen Sextus ist die Welt die beste. Satz 1 und 2 gehören zusammen, durch sie werden die Hauptmomente der leibnizischen Metaphysik umschrieben. Der 3. Satz bietet eine Verknüpfung von Metaphysik und Ethik. Da der Sextusmythus allgemeine Wahrheiten in besonderer Form zu ausgeprägter Darstellung bringen will, so müssen wir für Sextus jeden anderen konkreten Menschen mit seinem Lebensverlaufe als integrierenden Bestandteil dieser Welt setzen können. Versuchen wir zunächst die Frage zu beantworten, auf welche Weise bei Leibniz das Einzelne mit der Gesamtheit aller anderen einzelnen Wesen verknüpft ist.

α) Die Monade.

Im Zusammengesetzten, d. h. in unsrer Welt, sieht L. eine Anhäufung von unzähligen, einfachen, unräumlichen, nicht ausgedehnten, unzerstörbaren, voneinander völlig isolierten Substanzen, die mit einem Schlage d. h. durch Schöpfung ins Dasein treten und auch mit einem Schlage d. h. durch Vernichtung aus demselben verschwinden.

Die einfachen Substanzen bezeichnet er geradezu als die *véritables atomes de la nature* (cf. Monadologie § 3). Er läßt dieselben keine thatsächlichen Einwirkungen von außen her erfahren: *Les monades n'ont point de fenêtres, par lesquelles quelque chose y puisse entres ou sortir* (Mon. § 7). Aus dem thatsächlichen Vorhandensein von Unterschieden in dem Bereiche der zusammengesetzten Dinge schließt er auf das Dasein qualitativer Unterschiede unter den einfachen Substanzen, und zwar soll man sich diesen Unterschied als völlig individuellen denken, weil nach seinem

Prinzipe der Nichtzuunterscheidenden (*principium indiscer nibilium*) oder der Individuation (cf. 5. Brief an Clarke) nicht zwei Dinge in der Natur einander völlig gleich sind (M. § 59). „Mit diesem Gedanken einer unendlichen Mehrheit qualitativ unterschiedener Substanzen stehen wir an der Schwelle des Innersten der leibnizischen Philosophie." Versuchen wir in das Allerheiligste selbst einzudringen und bemühen wir uns, die eigentliche letzte Wurzel des Monadenbegriffs bloßzulegen.

Mit Cartesius und Spinoza sieht er im Substanzbegriff den Grundbegriff der Metaphysik. Spinoza definiert denselben folgendermaßen: *Per substantiam intelligo id quod in se est et per se concipitur; hoc est id, cuius conceptus non indiget conceptu alterius rei a quo formari debeat* (cf. Ethik I., 3 Definition). Im Gegensatze zu ihm definiert Leibniz den Substanzbegriff als selbstthätige Kraft: *Cuius rei ut aliquem gustum dem, dicam interim, notionem virium, quod Germani vocant* „Kraft", *Galli la force, cui ego explicandae peculiarem dynamices scientiam destinavi, plurimum lucis afferre ad veram notionem substantiae inlellegendam. Differt enim vis activa a potentia nuda vulgo scholis cognita, quod potentia activa Scholasticorum, seu facultas, nihil aliud est quam propinqua agendi possibilitas, quae tamen aliena excitatione et velut stimulo indiget, ut in actum transferatur. Sed vis activa actum quemdam sive ἐντελέχειαν continet, atque inter facultatem agendi actionemque ipsam media est et conatum involvit; atque ita per se ipsam in operationem fertur, nec auxiliis indiget, sed sola sublatione impedimenti* (cf. *de primae philos. emendatione*, p. 122)[1]), cf. auch 125, 3: *Je les appelle peutétre plus intelligiblement forces primitives,*

---

1) E r d m a n n, *Leibnitii opera philosophica quae exstant latina gallica germanica omnia.* Berlin 1840, Bd. I.

*qui ne contiennent pas seulement l'acte ou le complément de
la possibilité, mais encore une activité originale.*
Gehen wir näher auf den Substanzbegriff des L. ein.
Das Wesen desselben ist die *vis activa*, die jedoch nicht mit der
potentia activa der Scholastiker oder der bloßen Fähigkeit,
durch ein hinzutretendes Bewegungsprinzip in Bewegung gesetzt zu werden, identifiziert werden darf. Die *vis activa*
ist auch nicht die Aktion selbst oder der thatsächliche Voll-
zug der Bewegung wie die *forma* des Aristoteles und der
Scholastiker. Sie ist vielmehr das sich selbst immerfort in
Bewegung Setzende (cf. *de primae philos. emendat.*). Die selbstthätige Kraft macht nach diesen Erörterungen den Eindruck
eines Wesens, das sich selbst völlig genügt. Trotzdem schließt
L. die in Rede stehende Darlegung mit den Worten: „*nec
auxiliis indiget, sed sola sublatione impedimenti.*"
Woher soll nun dies Hindernis kommen? Da die selbstthätige Kraft das einzig Thatsächliche ist, so können wir das
Hindernis nicht außerhalb derselben suchen, sondern nur
innerhalb des Begriffes derselben. Bestimmen wir nun zunächst den Begriff der selbstthätigen Kraft, der Monade.
Leibniz bestimmt dieselbe als Vorstellung, als *perception*,
und macht darauf aufmerksam, daß dieselbe von der be-
wußten Vorstellung (*apperception*) unterschieden werden
müsse, die wir im gewöhnlichen Leben Vorstellung nennen,
und die sich erst als höherer Grad der Vorstellung bei den
Menschenmonaden findet. Eine kurze und bündige Erklärung
giebt er in den Worten: *Car perception m'est la représen-
tation de la multitude dans le simple* [1]). Wie uns schon
bekannt, ist jede der vielen selbstthätigen Monaden eine in
sich geschlossene Einheit, eine jede hat darum die Vielheit

1) Erdmann, Bd. 2, S. 720. *Lettre II à M. Bourguet*

der anderen außer und neben sich. „Daß sie aber auch diese
Vielheit nicht nur außer und neben sich, sondern auch in
sich hat, das will die angeführte Definition sagen. Sie stellt
ein inneres Verhältnis jener Einheit zur Vielheit fest, sie
betont, daß dies innere Verhältnis zur Vielheit das Wesen
der Einheit nicht schädige" [1]).

Zunächst ist daher unter Vorstellung nur das zu verstehen, daß jede der selbstthätigen Kräfte unbeschadet ihrer
Einheit ein inneres Verhältnis zur Vielheit der anderen hat.
Auch ist stets zu betonen, daß selbstthätige Kraft und Vorstellung dem Leibniz schlechterdings ein und dasselbe ist.
L. vermag die selbstthätige Kraft durchaus nur als Vorstellung zu denken, darin besteht das Eigentümliche seiner Auffassung des Monadenbegriffes.

cf. Erdmann, *Système Nouv. de la Nature*, Bd. I,
S. 123: *tout esprit étant comme un monde à part, suffisant à
lui même, indépendant de toute autre créature, enveloppant
l' infini, exprimant l' univers, est aussi durable, aussi subsistant
et aussi absolu que l' univers même des créatures.*

Die Vorstellungen und ihre Veränderungen sind die ein-
zigen inneren Thätigkeiten der Monade, die Monaden ihrer-
seits haben wir als Quell ihrer immanenten Thätigkeiten
anzusehen, welche für sie in keiner Weise von außen kommen.
Erdmann, S. 746, *Extrait d'une lettre à M. Dangicourt:
La monade donc enveloppe par avance en elle ses états passés
ou futures* etc.

Worauf ist nun die Wirkung einer Substanz auf die
andere zurückzuführen? Leibniz führt sie zurück auf einen
accord mutuel, der zwischen den Thätigkeiten der einen und
denen der anderen Monaden festgestellt ist, und zwar soll

---

1) cf. Claß, S. 22 u. 23.

diese Uebereinstimmung von der Erschaffung der Substanzen
her existieren. Erdmann, Bd. I, S. 107 u. 108, *Lettre de M. Leibniz
à M. Arnauld: Que l'union de l'âme avec le corps, et même
l'opération d'une substance sur l'autre, ne consiste que dans
ce parfait accord mutuel, établi exprès par l'ordre de la pre-
mière création, en vertu duquel chaque substance, suivant
ses propres loix, se rencontre dans ce que demandent les
autres; et les opérations de l'une suivent ou accompagnent
ainsi l'opération ou le changement de l'autre.*

Alle Thätigkeit der Monade ist also etwas ganz Selb-
ständiges, Spontanes, und da die ganze Thätigkeit der Monade im Vorstellen besteht, so ist alles Vorstellen spontan.
Daß dies spontane Vorstellen, welches also seinen Inhalt
nicht von außen empfängt, dennoch dem außer ihm Befind-
lichen konform ist, dies ist auf Gott zurückzuführen.
Erdmann, Bd. I, S. 127, *Syst. Nouv.: C'est qu'il faut
donc dire que Dieu a crée d'abord l'âme, ou toute autre
unité réelle, en sorte que tout naisse de son propre fonds,
par une parfaite spontanéité à l'égard d'elle-même, et pourtant avec une parfaite conformité aux choses de dehors.*

„Die Unabhängigkeit einer Monade von der anderen hat
durchaus reelle Geltung, die Abhängigkeit nur ideelle. Die
thatsächlich sich darlebende Monade oder Vorstellung ist
vollkommen unabhängig; die Monade, wie sie begrifflich gedacht wird, ist abhängig von allen übrigen" [1]).

Diese Unterscheidung der Monade als thatsächlich und
als begrifflich gedachtes Wesen bekommt ihre eigentliche
Stütze erst durch die Gottesidee. „In dem göttlichen Verstande, der alle Monaden durchdenkt, bedingen sie sich

---

1) Claß, S. 42.

19

gegenseitig" [1]). Das Resultat wird von der dem Verstande dienstbaren Macht Gottes ins thatsächliche Dasein übergeführt (cf. Monadologie § 51 und 47). Direkt und reell gilt die Unabhängigkeit, indirekt und ideell, „d. h. durch Gott hindurch", gilt die Abhängigkeit.

Wie haben wir uns nun näher dies „ideelle Einwirken" einer Monade auf die andere vorzustellen? Hierüber giebt uns die Behandlung, welche Leibniz [2]) den Begriffen der Aktion und Passion widmet, genügenden Aufschluß. Ihre Hauptgedanken sind folgende: Sofern ein Wesen vollkommen ist, handelt es nach außen; sofern es unvollkommen ist, leidet es von anderen Wesen. Unter „dem nach außen Handeln" haben wir näher das zu verstehen, daß das, was sich in dem einen Wesen findet, a priori den Grund abgiebt für das, was in den anderen Wesen vor sich geht. Dies hat lediglich ideelle und indirekte Giltigkeit und bezieht sich auf jenen Prozeß im göttlichen Verstande (cf. Mon. § 50 und 51). Diese ideelle apriorische Einwirkung der einen Monade auf die andere bezeichnet L. mit dem terminus Aktion. Sie ist wohl zu scheiden von der Unabhängigkeit; diese hat volle Giltigkeit und gilt von jeder Monade in gleicher Weise, denn jede Monade ist die Quelle ihrer inneren Handlungen, die Aktion dagegen hat nur ideelle Geltung und stellt ein Verhältnis zwischen einzelnen Monaden fest. Das, was sich an Vollkommenheit in der einen Monade findet, soll apriorisch den Grund abgeben für das, was in einer oder mehreren bestimmten Monaden vorgeht. Ebenso sind Passion und Abhängigkeit reinlich von einander zu scheiden. Jede Monade ist von allen anderen in ideeller Weise abhängig. Durch den Begriff „Passion" aber soll angedeutet werden, daß eine

1) cf. Claß, S. 42.
2) in seiner Monadologie Erdmann, Bd. II, S. 709, 49—51.

2*

bestimmte Monade Einwirkung ideeller Natur erleidet, cf. Mon.
§ 52. Inwiefern wird nun durch Aktion und Passion „das Wie"
des Vorstellens einer Monade beeinflußt, wie muß man diese
beiden Begriffe mit dem Wesen der Monade, der Vorstellung,
in Verbindung bringen? Darüber erteilt uns L. Auskunft in
den Worten S. 709, 49 *ainsi l'on attribue l'action à la monade
en tant qu'elle a des perceptions distinctes et la passion en
tant qu'elle a de confuses.* Was hat man nun unter distinkter Vorstellung zu
verstehen? L. versteht unter distinkter Vorstellung, daß
man eine Nominaldefinition der betreffenden Sache geben
kann. cf. Erdmann, Bd. I, S. 79, *Meditationes de
Cognitione, Veritate et Ideis: quae nihil aliud est quam
enumeratio notarum sufficientium.* Konfuse Vorstellung
dagegen hat statt *cum sc. non possum notas ad rem ab
aliis discernendam sufficientes separatim enumerare, licet
res illa tales notas atque requisita revera habeat, in
quae notio eius resolvi possit.* Distinkte und konfuse Vorstellungen unterscheiden sich demnach nicht durch ihren
Gegenstand, sondern durch die Art und Weise, wie sie
diesen Gegenstand haben, „sie sind nicht im Was,
sondern im Wie verschieden". Die konfusen Vorstellungen
sind nur der Möglichkeit nach als Einzelvorstellungen zu bezeichnen, da ja nur in abstracto für sie die Möglichkeit besteht, wirkliche Einzelvorstellung zu werden, was jedoch in
concreto nie eintritt. Werden wir nun den Begriff der
distinkten Vorstellung nur auf die Apperzeption des Menschen beschränken? „Wir werden wohl im Sinne des Philosophen und seiner *lex continui* handeln, wenn wir eine unendliche Reihe von Distinktheitsgraden annehmen"[1]). Das

---

1) Claß, S. 48.

Herabsinken auf eine niedrigere Stufe des distinkten Vorstellens wird von L. Passion genannt, der Grund dazu liegt
in anderen Monaden. Die als Aktion bezeichnete Fortschritts-
bewegung bedarf eines solchen anderweitigen Grundes nicht,
aber sie hat Folgen, die in anderen Monaden liegen (M. 52).
Nicht jeder niedere Grad der Distinktheit darf im Vergleiche zu dem nächst höheren als konfus bezeichnet werden, sondern eine unendliche Reihe der Grade besteht innerhalb des distinkten Vorstellens, auch der denkbar niedrigste Grad desselben darf noch nicht konfus genannt werden. Jede Monade hat an und für sich die Möglichkeit in
sich, alle möglichen Grade der Distinktheit zu erschöpfen,
in Wirklichkeit erschöpft sie aber nur eine ganz geringe Anzahl. Daß sie nur diese geringe Anzahl von Graden hat, hat
sie bestimmten anderen Monaden zu verdanken, die in dem
Augenblicke gerade die Distinktheitsgrade vertreten, welche
denen unserer Monade am nächsten stehen. Der apriorische
Grund dafür liegt also in fremden Monaden. Diesen gegenüber befindet sich unsere Monade in dem Zustande der Passion.
Eine bestimmte Größe konfuser Vorstellung, den sogenannten
dunklen Grund, hat jede Monade, hierdurch wird der indi-
viduelle Charakter der Monade bestimmt. L. sagt, daß der
Grund für das „Sosein" der Monaden in anderen Monaden
liegt, welche eben das sind, was unsere Monaden darum
nicht sind. Aber was thut es, wird mancher sagen, wenn
etliche Distinktheitsgrade nicht in jeder anderen Monade,
sondern nur in unserer realisiert werden? Ist es nicht genug, daß sie überhaupt realisiert werden? Nehmen wir an,
unser Verlangen würde erfüllt, so würde unsere Monade
nicht mehr völlig ihre Grade der Distinktheit und ihre bis-
herige Größe des dunklen Grundes haben, sie würde nicht
mehr „diese" Monade sein. Das Gleiche würde dann von

allen anderen gelten. Keine Monade könnte dieselbe bleiben.
Würde auch nur ein wenig geändert, das Ganze wäre dann eben
nicht mehr diese Welt, sondern eine andere. Und warum ist
dies Ganze eben diese Welt? Auf diese Frage giebt's nur zwei
Antworten: Entweder 1) man nimmt seine Zuflucht zum
blinden Ungefähr, oder 2) man sieht in dem System unserer
Welt das Werk einer höheren Intelligenz.

Vertiefen wir die letztgewonnenen Gedanken noch in
etwas. Jede Monade hatte eine ganz bestimmte Größe von
Evolution d. h. Emporsteigen in den Distinktheitsgraden und
von Involution d. h. Sinken in denselben. Jede Involution
hat ihren Grund in Evolutionen anderer Monaden, jede Evolution hat Folgen in anderen Monaden. Dies Wechselverhältnis hat, wie wir gesehen, nur eine ideelle Bedeutung,
d. h. es vollzieht sich nur durch die den Gedanken dieser Welt
denkende Intelligenz hindurch. Es ist ein von Gott prästa-
biliertes Wechselverhältnis. „Die ganz spezifische Bestimmtheit, in welcher jede Monade im allgemeinen Weltgedanken
gedacht ist, ist von Anfang an in sie hineingelegt. Sie kann
nichts thun und nichts erleiden, was nicht in ihrer spezifischen Bestimmtheit wurzelte, wie diese selbst im allgemeinen
Weltgedanken wurzelt." Die spezifische Bestimmtheit jeder
Monade bildet einen integrierenden Bestandteil dieser Welt.
Das System dieser Welt, wie es die göttliche Intelligenz
denkt, hält die vielen individuell bestimmten Monaden ebenso zusammen wie auseinander. Der dunkle Grund in jeder
Monade d. h. die Summe der konfusen Vorstellungen, die
zwar zu verschiedenen Zeiten verschieden ist, aber nie ganz
schwindet, und die das „konstitutive Element" der Monade
bildet, wird von L. *materia prima* oder *potentia passiva* genannt. E r d m a n n , Bd. II, S. 440, *Ad Patrem Des Bosses
ep. VII: materia prima cuivis entelechiae est essentialis,*

neque unquam ab ea separatur, cum eam compleat et sit ipsa potentia passiva totius substantiae completae.

Von dieser Beschränktheit kann selbst Gott die Monade nicht befreien; thäte er es, so würde jede Monade eine Gottheit sein (cf. Monadol. § 60).

Wie wir gesehen, soll jede Involution ihren Grund, jede Evolution ihre Folge in anderen Monaden haben. Diese letzteren stehen der in der Evolution begriffenen Monade gegenüber in einem Verhältnisse, das L. als das Leibesverhältnis bezeichnet. Da jede Monade in steter Evolution und Involution begriffen ist, so kann der Leib nicht immer derselbe bleiben. Es sind immer wieder andere Monaden, zu denen die unsere in das Verhältnis der Aktion tritt; nur Gott ist von der Leiblichkeit befreit, eine Monade kann nie ohne Leib sein. Erdmann, Bd. II, S. 714, 3, *Principe de la Nature et de la Grace: Chaque substance simple ou monade, qui fait le centre d'une substance composée et le principe de son unicité, est environnée d'une masse composée par une infinité d'autres monades, qui constituent le corps propre de cette monade centrale, suivant les affections duquel elle représente dans une manière de centre les choses, qui sont hors d'elle.* Monadologie 710, 71: *mais il ne faut point s'imaginer avec quelques-uns, qui avaient mal pris ma pensée, que chaque âme a une masse ou portion de la matière propre ou affectée à elle pour toujours, et qu'elle possède par conséquant d'autres vivans inférieurs, destinés toujours à son service. Car tous les corps sont dans un flux perpétuel comme des rivières, et des parties y entrent et en sortent continuellement.*

Die Frage nach dem Hindernisse können wir nun folgendermaßen beantworten: Wir können sagen, daß eine Monade in jedem Stadium ihres Lebens daran, höhere Grade zu haben, als sie thatsächlich hat, gehindert wird durch eine andere, welche eben diese höheren Grade jetzt innehat; sie selbst hindert aber auch hierin andere Monaden.

β) Die Monaden und die Gottheit.

Wie wir schon des Näheren gesehen, besteht zwischen den einzelnen Monaden ein *accord mutuel*, der auf die Intelligenz eines höheren Wesens zurückzuführen ist. Wie ist nun — diese Frage drängt sich uns von selbst auf — dies konkrete Monadensystem, unsere Welt, mit der Gottheit verknüpft?

Die Monaden im Stande der bloßen Möglichkeit ruhen im göttlichen Intellekt und werden dort systematisch zu zahllosen Weltbildern vereinigt, die gradweise von einander je nach Vollkommenheit und Unvollkommenheit unterschieden sind. cf. Erdmann, Bd. II, S. 506, 8, *Théodicée: Et quand on rempliroit tous les tems et tous les lieux, il demeure toujours vrai qu' on les aurait pu remplir d' une infinité de manières et qu' il y a une infinité de mondes possibles.*

Erdmann, Bd. II, Monadologie 708, 43: *Il est vrai qu' en Dieu est non seulement la source des existences, mais encore celle des essences en tant que réelles, ou de ce qu' il y a de réel dans la possibilité. C' est parceque l' entendement de Dieu est la région des vérités éternelles, ou des idées, dont elles dépendent, et que sans lui il n' y aurait rien de réel dans les possibilités, et non seulement rien d' existant, mais encore rien de possible.*

Die Frage, ob wir uns den göttlichen Intellekt ohne die unendliche Menge der Monadenmöglichkeiten überhaupt denken können, entscheidet L. dahin, daß wir dieselben als den Inhalt des göttlichen Intellekts zu betrachten haben, daß wir

uns Gott überhaupt ohne Monaden gar nicht denken können.
cf. *réfutation inédite de Spinoza par L. S.* 24: *essentiae
rerum sunt Deo coaeternae. Et Dei ipsa essentia complectitar
omnes alias essentias, adeo ut Deus sine ipsis concipi non
possit perfecte.*

Welches ist denn nun der Grund, weshalb gerade unseres
und kein anderes der vielen möglichen Weltbilder existent
geworden? L. stellt dafür folgenden Satz auf: „Es kommt
darauf an, daß durch das Existentwerden der verhältnismäßig kleinsten Zahl von Monadenmöglichkeiten die größtmöglichste Summe von Vollkommenheit in Existenz gesetzt
wird. Im Gedanken des Ganzen, des Systems oder der
Welt liegt das Prinzip, welches den an sich begriffsnot-
wendigen Uebergang von Monadenmöglichkeit zur Monaden-
existenz beherrscht und zu einem konkreten macht"[1]).
cf. E r d m a n n , Bd. I, S. 147, *De rerum originatione
radicali: Semper scilicet est in rebus principium determina-
tionis, quod a maximo minimove petendum est, ut nempe
maximus praestetur effectus minimo ut sic dicam sumtu.*

Von den unzähligen möglichen Welten hat der göttliche
Wille gerade unsere aus dem erwähnten Grunde ins Dasein
gerufen. Charakteristisch für L. ist seine Definition des
Willens und seines Verhältnisses zum Intellekt:

E r d m a n n , Bd. II, S. 708, 48, Monadologie: *Il y a
en Dieu la Puissance, qui est la source de tout, puis la
Connaissance, qui contient le détail des idées et enfin la Volonté, qui fait les changemens aux productions selon le
principe du meilleur. Et c'est ce qui répond à ce qui dans
les Monades créées fait le sujet ou la base, la faculté per-
ceptive et la faculté appétitive. Mais en Dieu ces attributs*

---

1) C l a ß , S. 80.

sont absolument infinis ou parfaits, et dans les Monades créées ou dans les Entéléchies ce n'en sont que des imitations à mesure qu'il y a de la perfection.

Unter Willen in Gott haben wir nach ihm das Prinzip des Fortschreitens von einem Weltbilde zu einem anderen, und zwar stetig vollkommneren, zu verstehen. Dieser Wille ist dem Intellekte untergeordnet; „er ist der Ausdruck für die unendliche gesetzmäßige Produktionskraft des Intellekts" [1]) (cf. Monad. § 15). Als zweites Moment in der Bestimmung des Willens haben wir den Uebergang von der Wesenheit (*essentia*), wie sie im göttlichen Intellekte wohnt, zur Existenz zu betrachten, welcher erst dann eintritt, wenn jenes innere Fortschreiten von einem Weltbilde zum anderen beim allervollkommensten angelangt ist. Es könnte fast scheinen, als ob Gott gar nicht über den Inhalt seines Intellekts frei verfügen könne, da er ja ohne denselben gar nicht gedacht werden kann. Doch diesen Einwurf weist L. oftmals entschieden zurück und behauptet vielmehr, daß Gott von vornherein seinen Inhalt „systematisch" geordnet habe, daß der göttliche Intellekt über seinen Inhalt erhaben sei. Sein Wille ist kein regelloser Drang von einem Weltbilde zum anderen, sondern ein „systematisierter" [2]). Er ist aber systematisiert durch das bekannte Prinzip, daß durch die verhältnismäßig kleinste Zahl von Monaden die größtmöglichste Summe von Vollkommenheit erreicht werden soll (cf. *de rerum originatione radicali*). Ein so aufgefaßter Wille scheint Gottes unwürdig zu sein. Er ist ja dem Intellekte völlig untergeordnet, so unabwendbar durch denselben determiniert, daß er „den Eindruck eines unfreien Dieners macht" [3]). Kann nun ein

1) cf. Claß, S. 79.
2) Claß, S. 79.
3) Claß. S. 81.

solcher Wille wirklich Anspruch auf Göttlichkeit machen?
L. behauptet in der That die völlige Abhängigkeit des gött-
lichens Willens vom Intellekte; gegen die gewöhnliche Auffassung, welche im Willen eine schlechthin selbständige Macht
sieht und es in das Belieben des Willens setzt, ob er sich
überhaupt in Thätigkeit setzt oder nicht, kämpft er stark.
Er erklärt diese Ansicht sogar für eine moralische „Absurdität".

cf. E r d m a n n, Bd. I, S. 191, *Lettre à Mr. Bayle:
Cela n'empêche pourtant pas, que nous n'ayons une liberté
exemte non seulement de sa contrainte, mais encore de la
nécessité, et en cela il en est de nous comme de Dieu
lui-même, qui est aussi toujours determiné dans ses actions,
car il ne peut manquer de choisir le meilleur. Mais s'il
n'avait pas de quoi choisir, et si ce qui fait, était seul
possible il serait soumis à la nécessité. Plus on est parfait,
plus on est déterminé au bien, et aussi plus libre en même
tems. Car on a une faculté et connaissance d'autant plus
étendue et une volonté d'autant plus resserrée dans les bornes
de la parfaite raison.*

Auch die gemäßigte Gestalt der gewöhnlichen Ansicht,
nach welcher wenigstens dies beim Willen steht, ob er sich
für dieses oder jenes entscheidet, hält L. für Widersinn.
cf. E r d m a n n, Bd. II, S. 448, *Lettre à Mr. Coste: Ce-
pendant je vois, qu'il y a des gens, qui s'imaginent, qu'on
se détermine quelques fois pour le parti le moins chargé,
que Dieu choisit quelques fois le moindre bien tout considéré,
et que l'homme choisit quelques fois sans sujet et contre toutes
ses raisons, dispositions et passions; enfin qu'on choisit
quelques fois sans qu'il y ait aucune raison, qui détermine
le choix. Mais c'est ce que je tiens pour faux et absurde,*

*puisque c'est un des plus grands principes du bon sens, que
rien n'arrive jamais sans cause ou raison déterminante.*

Er verwahrt sich auch dagegen, als ob die Freiheit in
der *indifférence absolue ou d'équilibre* bestände:
cf. E r d m a n n, Bd. II, S. 669, *De libertate: Libertas
indifferentiae est impossibilis. Adeo ut ne in Deum quidem
cadat, nam determinatus ille est ad optimum efficiendum, et
creatura semper ex rationibus internis externisque determi-
natur.*

Für alles, auch für den Willen, verlangt er einen zureichenden Grund. Wollte man die der Vernunft bare Willkür auf den Thron der Dinge erheben, so wäre der blinde
Zufall die eigentliche Gottheit:

*Deus cum est perfectissimus adeoque liberrimus, deter-
minatur ex se solo.*

Folgendes dürfte nach C l a ß [1]) der eigentliche Sinn der
göttlichen Freiheit sein:

„Klar gegliedert steht die unendliche Menge der möglichen Welten vor dem göttlichen Intellekte, aber nur einer
giebt sein Wille die Existenz. Jede ist denkbar, jede in
ihrem Maße gut, aber nur die beste darf existent werden.
Jene unendliche Weite des Intellektes und diese Enge des
Willens widersprechen sich nicht, denn der Intellekt ist eben
Herr seiner Gebilde und unterscheidet das Vollkommene von
dem minder Vollkommenen. Wird nun nur das Vollkommene
gewollt, so beweist diese Enge des Willens die Herrschaft
des Intellektes auch über ihn. Vollständig durchgeistigt von
der Vernunft ist der Wille, diese Existentialgewalt, wahrhaft
frei, denn er ist gleichmäßig erhaben über die Laune der
Willkür wie über die Notwendigkeit der Regel."

---

1) cf. C l a ß, S. 85.

γ) Der konkrete Mensch als Monade.

Als bestimmte Monade hat Sextus (jeder Mensch) be-bestimmte Grade der Distinktheit des Vorstellens und eine bestimmte Größe des dunklen Grundes, er hat, wie jede Monade, einen veränderlichen Leib, durch Evolution übt auch er Aktion auf andere aus, in seiner Involution befindet er sich den anderen gegenüber im Zustande der Passion. Sein Verhältnis zu den anderen Menschen hat, wie bei allen Monaden, eine ideelle Geltung und vollzieht sich auch „durch die den Gedanken dieser Welt denkende göttliche Intelligenz hindurch". Auch von ihm gilt, was von jeder Monade gilt, daß er nichts thun und nichts erleiden kann, was nicht ebenso „in seiner spezifischen Bestimmtheit wurzelt, wie diese in dem allgemeinen Gedanken dieser Welt".

Nach menschlichen Begriffen ist Sextus böse, aber die Sprache der Metaphysik hat für böse keine andere Bezeich-nung wie für jeden unvollkommenen Zustand. Für sie ist es Unvollkommenheit, Passion. Warum hat nun Gott seine „spezifische Bestimmtheit" so gestaltet, daß sich aus der-selben jenes Verhängnis von selbst entwickelte, so könnte man wohl fragen. Darauf antwortet uns L.: diese ist nicht von Gott geschaffen, sondern ist sein Wesen, sie ist eine „auf dem Grunde der ewigen Wahrheiten wurzelnde Möglichkeit", welche doch gleich ewig wie Gott sind (*essentiae rerum sunt Deo coaeternae*). Alles Wirken Gottes beschränkt sich darauf, daß er diese Möglichkeit mit dieser Welt existent werden ließ. Doch wo von vornherein eine Möglichkeit zur Unvoll-kommenheit existiert, da muß naturgemäß die Unvollkommen-heit auch einmal eintreten, wenn aus der Möglichkeit die Wirklichkeit wird. Bei den einzelnen Monaden kann ja jenes Verhältnis von Vollkommenheit und Unvollkommenheit, von Evolution und Involution recht ungünstig sein, aber keine ist thatsächlich ohne Unvollkommenheit, sonst wäre sie ja Gott selbst. Nur eben dadurch, daß sie sowohl Vollkommenheit wie Unvollkommenheit an sich trägt, ist die Monade als „konkrete in einem konkreten System von Monaden denkbar". Alle Unvollkommenheit ist ja nur eine Privation der Vollkommenheit, ein Nichthaben, und ohne das unbedingt notwendige Moment der Privation käme es auch in „der Idealwelt des göttlichen Intellekts nicht zu unterschiedenen Monaden und zu unterschiedenen Welten".

Die am Sextus durchgeführte Behandlung des konkreten Menschen als Monade neben Monaden macht auf unser Gefühl „den Eindruck einer Mißhandlung des Menschen". Worin liegt nun das uns Beleidigende? Jedenfalls darin, daß der Mensch mit völlig gleichem Maße gemessen wird wie die anderen Monaden, daß dabei von allen sonstigen Vorrechten „des Menschentums" keine Rede ist. Doch sollte für Leibniz der Mensch nur Monade sein, sollte er nicht dem spezifisch Menschlichen nachgespürt haben? Diese Frage ist besonders für die Ethik von großem Werte, der es nicht gleichgiltig sein kann, ob L. wirklich beim Menschen unter „Böse" nichts anderes versteht als jede andere Unvollkommenheit.

Wenn wir den Elementen der Lehre vom Menschen nachgehen, so müssen wir immer daran denken, daß er dem L. in erster Linie eine Monade neben vielen ist, nicht ein Wesen, das außerhalb derselben stünde. Und doch unterscheidet L. die Geistesmonaden (die Menschen) von den übrigen. Er behauptet von ihnen, daß sie zu gleicher Zeit wie jede andere Monade ein Abbild des Universums seien, aber auch ein Abbild der Gottheit. Ist es wirklich an dem, so hätten wir innerhalb „des Monadentums", dessen Charakter doch ein streng individueller ist, den Artbegriff, der doch dem individuellen Charakter der Monade scharf zu widersprechen scheint. Daß die Art etwas Substantielles sein könnte, ist bei L. völlig ausgeschlossen, da dieser Charakter nur der „Einzelmonade" eignet. Streng genommen, bildet bei ihm jede Monade eine Art für sich, doch gewisse Monaden haben etwas Gemeinsames, was sie objektiv von allen anderen unterscheidet, und das nennt L. Art. Innerhalb dieses Gemeinsamen ist noch genug Raum für die einzelnen Individuen. Das Spezifische der Menschenart liegt darin, daß ihr höheres Vorstellen nie unter einen gewissen Grad der Distinktheit hinabsinkt, aber auch nie über eine gewisse Grenze hinausgeht. Zwischen diesen beiden Grenzen ist ein unendlich weiter Spielraum für die einzelnen Geistesmonaden, und so ist es wohl möglich, daß jede Wiederholung desselben Distinktheitsgrades ausgeschlossen ist, die ja L. ebenso haßt, wie jede Lücke in seinem System.

Wie jede Monade, so besitzt auch jede Geistesmonade nicht alle Distinktheitsgrade, sondern nur die, die ihr im System der Welt zukommen, denn es sind ja gar nicht alle möglichen Distinktheitsgrade in unserer Welt und ihren Monaden vertreten, sondern nur die kompossiblen, d. h. die ursprünglich in dies Weltsystem gehörenden. „Dadurch daß gewisse Distinktheitsgrade nur immer gewissen Monaden eignen, kommt ein Element der Ruhe in die rastlose Bewegung des Universums, eine Sphäre von Monaden hebt sich dadurch von der anderen ab" [1]).

Nach L. sind die Menschen zugleich Abbilder des Universums und der Gottheit. „Als Bild des Universums ist

---

1) Claß, S. 108.

jede Monade das, was das Universum auf objektive Weise
ist, als ein Subjektives; da sie dieses aber als konkrete
Einzelheit ist, so haftet ihr das Moment der Beschränkung
unweigerlich an" [1]).
Bilder des Universums sind demnach die Geistesmonaden, insofern sie mit Unvollkommenheit behaftet sind.
Als Bilder der Gottheit sind die Monaden auf endliche
Weise, was Gott auf unendliche Weise ist. „Doch was ist
Gott? Er ist unendlicher Intellekt und dem Intellekte sub-
ordinierter Wille." Wie wir schon oben gesehen, bestand
der Inhalt seines Intellekts in den unzähligen möglichen
Monaden, die systematisch nach Weltbildern geordnet waren,
und aus deren Zahl er das beste Weltbild existent werden
ließ. Als Abbilder Gottes müssen die Geistesmonaden in
ihrem Intellekte und Willen etwas Göttliches besitzen. Vorstellung und Trieb müssen bei ihnen derartig erhöht gedacht
werden, daß sie mit Recht nicht nur als Intellekt und Wille
bezeichnet, sondern auch mit dem verglichen werden können,
was das spezifisch Göttliche ist. Diese Monaden müssen bis
auf einen gewissen Grad imstande sein, ihren Inhalt als
einen „systematisierten" zu haben, dadurch sich, die sie Intellekt sind, von dem Intellektinhalte zu unterscheiden. Es
muß in ihrer Macht liegen, daß nicht nur überhaupt Evolution stattfindet, sondern daß die Evolution eintritt, die sie
für die beste halten. An anderen Stellen sieht L. das
Charakteristische des Menschen in der Vernunft. cf. Erdmann, Bd. II, S. 466, III. *epistula ad Wagnerum:* Die
Vernunft liegt in der *consecutio ex universalitate veritatum.*
cf. 707, 29. 30, Monadologie: *Mais la connaissance des
vérités nécessaires et éternelles est ce qui nous distingue des*

---

1) Claß, S. 110.

*simples animaux et nous fait avoir la raison et les sciences,
en nous élevant à la connaissance de nous mêmes et de
Dieu. Et c'est ce qu'on appelle en nous âme raisonnable
ou esprit. — C'est aussi par la connaissance des vérités
nécessaires et par leurs abstractions, que nous sommes élevés
aux actes reflexifs, qui nous font penser à ce qui s'appelle
Moi, et à considérer que ceci ou cela est en nous, et c'est
ainsi, qu'en pensant à nous, nous pensons à l'Etre, à la
substance, au simple ou au composé, à l'immateriel et à Dieu
même, en concevant que ce qui est borné en nous est en lui
sans bornes.*

Nur der Menschenmonade ist die Stufe des Vorstellens
eigen, auf der man alles, was das Auge erblickt, alle Phäno-
mene, unter einem allgemeinen Gesichtspunkte aufzufassen
vermag, nur sie allein vermag in allen Vorgängen, die außer
und in ihr sich abspielen, nichts Beziehungsloses, Zufälliges
und für sich allein Bestehendes zu sehen, sondern sie läßt
durch ein allgemeines Gesetz das Einzelne mit allen anderen
Einzelnen harmonisch verknüpft sein zu einem vollkommenen
Ganzen, nur sie vermag den letzten Grund dieser gesetz-
mäßigen Verknüpfung, des Weltzweckes, in dem Verhältnisse
des göttlichen Willens zum Intellekte zu erblicken. „Wer
aber alles unter einem allgemeinen Gesichtspunkte auffaßt,
der muß auch sein eigenes menschliches wie untermensch-
liches Vorstellen so auffassen. Wer daher seinen gesamten
Vorstellungsgehalt annähernd zu systematisieren vermag, der
unterscheidet auch sich, den systematisierenden, von dem,
was er systematisiert, er vermag ‚Ich‘ zu sagen" [1]). Wurde
schon bei den Monaden der Trieb von dem Vorstellen determiniert, war er nur ein Streben von einer Vorstellung zur

1) Claß, S. 112 u. 113.

anderen, so müssen auch den höheren Vorstellungsgraden
der Geistermonade gewisse höhere, ihr eigene Triebe entsprechen. Der Mensch muß Wohlgefallen haben an den
Vollkommenheiten dessen, was er wahrnimmt, und dieses
Wohlgefallen steigert sich bei ihm bis zur Liebe. cf. Erdmann, Bd. I, S. 118, *De Notionibus juris et justitiae: vir
bonus autem est qui amat omnes, quantum ratio permittit.
Iustitiam igitur, quae virtus est huius affectus rectrix, quem
φιλανθρωπίαν Graeci vocant, commodissime ni fallor definie-
mus caritatem sapientis, hoc est sequentem sapientiae dictata.
Caritas est benevolentia universalis, et benevolentia amandi
sive diligendi habitus. Amare autem sive diligere est felicitate
alterius delectari, vel quod eodem redit, felicitatem alienam
asciscere in suam.*

Wie aber das Vorstellen erst seine Krönung findet, wenn
es zurückgeht bis auf den Urheber der Welt und des Weltzweckes, so auch der Trieb oder der Wille. „Die Liebe, das
Wohlgefallen an allem, was in seinem Maße vollkommen ist,
gipfelt in der Liebe zu Gott, dem schlechthin vollkommenen,
neidlosen Wesen, dessen allgewaltiger Wille durch seinen
unerschöpflichen Intellekt stark determiniert ist"[1]. Die
Wesen, in denen das Vorstellen zur Vernunft und der Wille
zur Liebe sich entfaltet, sind die Krone der Schöpfung.
Zusammen mit den noch über ihm stehenden Wesen, den
Genien, bilden die Geistermonaden (die Menschen) unter
Gottes Leitung den Gottesstaat, sind Bürger des Reiches
der Gnade. cf. p. 717, 15, *Principes de la Nature et de la
Grace: C'est pourquoi tous les esprits, soit des hommes, soit
des génies, entrant en vertu de la raison et des vérités éternelles dans une espèce de société avec Dieu, sont des membres
de la cité de Dieu, c'est à dire du plus parfait état, formé*

---

1) Claß, S. 114.

et gouverné par le plus grand et le meilleur des monarques.
cf. p. 712, 84 u. 712, 86.

Kann man wohl mit Beantwortung dieser Frage wollen
wir den grundlegenden spezifisch leibnizischen Teil schließen
— kann man wohl mit Recht bei L. von menschlicher Freiheit reden, oder ist das, was L. „Freiheit" nennt, nicht
grundverschieden von dem, was man im gewöhnlichen Sinne
so nennt? Darauf können wir wohl mit Recht antworten,
daß L. eigentlich von Freiheit nicht reden darf, denn ihm
ist die Freiheit die stete Abhängigkeit von der Vernunft,
„alle Monaden sind nach seiner Ansicht ideell abhängig
von einander, keine Monade kann etwas thun oder erleiden, was nicht ebenso sicher in ihrer spezifischen Bestimmtheit wurzelte, wie diese im allgemeinen Gedanken
dieser Welt wurzelt". Jede Monade mit allen ihren Eigenschaften ist im voraus von Gott unabänderlich festgesetzt.
Wollten wir auch nur eine einzige freie Entscheidung eines
Menschen fortdenken, „so würde dieser Mensch nicht mehr
dieser Mensch, die anderen Menschen nicht mehr diese
Menschen und diese Welt nicht mehr diese Welt sein". Alle
Vollkommenheiten und Unvollkommenheiten im Lebenslaufe
jedes einzelnen Menschen sind von Gott von Anfang bis zu
Ende durchdacht und berechnet. Indem Gott diesen ganzen
Komplex der Monaden existent werden ließ, setzt er nicht
ein Unberechenbares, dessen Bewältigung ihm hinterher Mühe
machen konnte, alles war im voraus genau erwogen und
bewältigt. Das „Freie" ist in den Weltplan eingefügt. Sobald er einmal gewählt hat, ist alles in seiner Wahl mit ein-
begriffen, und nichts kann geändert werden, denn er hat alles
vorgesehen und ein für allemal geordnet. Von Freiheit dürfen
wir wohl bei derartiger, bis aufs Kleinste sich erstrecken-
der Abhängigkeit nicht gut reden. Aus dem frei han-

deluden Menschen ist bei Leibniz ein beseelter Automat geworden.

b) Ausführender Teil.

Geben wir nunmehr eine möglichst knappe Darstellung des leibnizischen Beweisganges für die Vernunft der Welt, der ja bei der Beliebtheit, deren sich seine *Théodicée* erfreut, sehr bekannt geworden ist. Bei ihm steht das Problem des Bösen im engsten Zusammenhange mit seiner deterministischen Weltanschauung, seiner Hypothese vom zureichenden Grunde d. h. vom allbeherrschenden Kausalgesetze, seiner Lehre von der prästabilierten Harmonie und der besten Welt. Es ist ihm eine ausgemachte Thatsache, daß das vollkommene Wesen, welches den Weltplan festgestellt hat, unter den zahllosen möglichen Welten eine Auswahl getroffen hat, und daß unsere Welt beim Streite um das Dasein vor dem Richterstuhle dieses Wesens als Siegerin hervorgegangen ist, daß sie mithin die Vollkommenheit im höchsten Maße in sich schließen müsse. Ja er erklärt es für eine moralische Absurdität, daß Gott etwas anderes thun könne als das Bestmögliche. Daß das vollkommene Wesen stets Vollkommenes schaffe, ist infolge seiner Natur, also schon metaphysisch notwendig, weil das Gegenteil gerade so unmöglich ist wie etwa der Satz, daß das Quadrat rund sei. Je ausschließlicher aber alles auf die göttliche Ursächlichkeit zurückgeführt wird, um so dringender stellt sich die Notwendigkeit heraus, auch den Nachweis zu führen, daß alles wirklich so beschaffen ist, wie es als Werk Gottes beschaffen sein muß. Wie verträgt sich nun mit der optimistischen Annahme der höchsten Vollkommenheit die nicht wegzuleugnende Thatsache, daß dieselbe Welt viele Mängel und Fehler besitzt, wie ist es erklärlich, daß sie so viel Unvollkommenheit, Elend und Sünde in sich beherbergt? Drängt sich nicht, wenn es zum Wesen der göttlichen und unend-

lichen Güte gehört, stets das Beste zu erwählen, uns von
selbst die Frage auf, warum hat der Allmächtige seiner
Güte, Weisheit und Macht zum Trotz keine Welt vollkommener Substanzen geschaffen, da eine solche Welt doch
unstreitig besser ist als die bestehende? Gott gerade gegen
diesen Angriff zu verteidigen, war ja der Zweck der *Théodicée*, deren Veranlassung der große Skeptiker Pierre Bayle
gab, welcher die Vollkommenheit der Welt aufs höchste be-
stritt und schließlich keinen anderen Ausweg wußte, als
in dieser Materie, wie in allen Sachen der Religion auf
die Vernunft zu verzichten und nur dem Glauben zu folgen.
Leibniz in seinem wankellosen Glauben an die Vernunft
antwortete darauf, in Sachen der Religion auf die Vernunft
verzichten zu wollen, sei in seinen Augen ein sicheres Merkmal entweder einer Gesinnung, die an Schwärmerei grenze,
oder, was noch schlimmer sei, an Heuchelei. Es steht ihm
ja bei seinem Optimismus von vornherein fest, und er sucht
dies durch mannigfache Gründe zu erhärten, daß diese unsere
Welt mit allen ihren Mängeln und Uebeln vollkommener sei
als jede nur denkbare mögliche Welt, denn wäre sie es nicht,
so hätte ja Gott, der Allweise und Allgütige, irgend eine
andere von den vielen möglichen Welten an ihrer Statt ins
Dasein rufen können. Doch da sich die wenigsten mit dieser
zwar aufrichtig gemeinten, aber doch keineswegs erwiesenen
Behauptung zufrieden geben können, so hat auch Leibniz
nach Beweisen zur Stützung derselben gesucht. Wie wir
schon in der Grundlegung gesehen, war schon von den Neuplatonikern und vom Augustin eine zwiefache Art der Beweisführung aufgestellt worden:

1) Eine ontologisch-metaphysische, welche von dem allgemeinen Gedanken des Seins ausgeht und nur in dem Guten
etwas Positives, im Bösen dagegen nur eine Bezeichnung für
einen Unvollkommenheitszustand sieht. Diese Beweisführung

verbindet sich bei Leibniz infolge seiner eigenartigen Auffassung der Monade als einer *vis activa,* einer unaufhörlichen Bewegung und Kraft, eng mit der dynamischen, welche in der Welt die größte Summe der Kraft erblickt und das Unvollkommene durch den Zweckbegriff bewältigt.

2) Die ästhetische, welche sich an die nähere Beschaffenheit der Welt hält und die Ordnung, den Zusammenhang und die Schönheit der Wirklichkeit verficht. Das Unvollkommene erscheint hier als ein notwendiges Mittel zur rechten Hervorhebung der Schönheit und Vollkommenheit des Alls.

α) Ontologisch-metaphysische Beweisführung.

Betrachten wir zuerst die ontologisch-metaphysische Beweisführung des Leibniz. Er sucht uns zunächst begreiflich zu machen, daß Unvollkommenheiten und Mängel mit der Idee einer Welt wesentlich verknüpft sind, und wäre es die denkbar beste. Man hat oftmals behauptet, Gott ermangele der Macht, Erkenntnis und Güte, da er diese Welt geschaffen, er hätte entweder das Unvollkommene, Böse oder die Welt überhaupt weglassen sollen. Doch die, welche solche Behauptung aufstellen, bedenken nicht, daß der Ratschluß Gottes, die beste Welt ins Dasein zu rufen, in der Beschaffenheit der Dinge selbst nichts ändert, er läßt sie, wie sie im Stande der bloßen Möglichkeit gewesen sind, er ändert nichts an ihrem Wesen noch an ihrer Natur noch an ihren Accidenzien. Die Ursache der Unvollkommenheit haben wir, wie er sich auszudrücken beliebt, in der idealischen Natur der Kreaturen zu suchen, sofern diese in den ewigen Wahrheiten enthalten ist, welche mit der Weisheit Gottes identisch und von seinem Willen unabhängig sind. In Gott sind Intellekt und Wille von einander zu scheiden, wie ja im grundlegenden Teile zur Genüge ausgeführt ist. Der Wille erstrebt

nur das absolut Gute, der Intellekt dagegen vertritt die
sachliche Notwendigkeit, und diese zeigt ihm, daß eine Welt
ohne Unvollkommenheit nicht möglich ist. Und nach ihrer
idealischen Natur ist eben mit den endlichen Dingen Mangel
und Unvollkommenheit verknüpft, denn dies ist ja die alleinige
Schranke, welche das Endliche vom Göttlichen und Unendlichen scheidet. Wenn nun beim Schöpfungsakte auch die
Unvollkommenheit ins Dasein tritt, so kann man sie Gott
nicht zuschreiben, denn Gott wirkt seiner Natur nach nur
Vollkommenes, Gutes. Die Unvollkommenheit besteht in der
Privation des Vollkommenen, eben darin, daß ihr das Gute,
Vollkommene mangelt, oder wie er sich auch mit den Worten
des Augustin und Thomas ausdrückt: *Malum non habet
causam efficientem, sed deficientem* [1]).

So ist in der Welt allerdings Sein und Nichtsein ge-
mischt, aber da jenes allein etwas Positives bildet, so erscheint die Welt, wenn auch hinter dem göttlichen Sein zu-
rückstehend, doch als etwas relativ Vollkommenes. Zu den
vorausgegangenen Erörterungen Leibnizens haben wir zu bemerken, daß er[2]) ebensowenig wie Thomas daran denkt, daß,
wenn alle Regeln und Gesetze für den Aufbau der wirklichen
Welt gleich den ewigen Wahrheiten der Logik und Mathematik von der Anerkennung durch den göttlichen Willen
unabhängig sind, auch eine mit Notwendigkeit, ohne Bewußt-
sein und Ueberlegung wirkende Kraft diesen Aufbau hätte
vollbringen können, und daß er dadurch die Allmacht Gottes
in einer dem Gottesbegriff der geoffenbarten Religion wider-
streitenden Weise beschränkt und ihn nicht mehr einer inner-
lich überzeugenden, sondern faktisch zwingenden Notwendig-

---

1) *Théodicée* (édition G e b h a r d t), Bd. VI, S. 115 c. 20, S. 340 c. 378,
S. 383, V. Obj., S. 410, 339 c. 377, S. 346 c. 388, S. 450, 348 c. 392.
2) *Théodicée*, S. 175 c. 121, S. 225 c. 183, S. 318, 390, 131 c. 53.

keit unterwirft und seine unabhängige Wahl illusorisch macht.
Ueberdies muß uns die freilich bis auf Aristoteles zurück-
reichende Verkennung der Thatsache befremden, daß die
Negation nur eine aus der Vergleichung entspringende Be-
ziehungsform, die einzig im Denken existiert, nicht aber eine
Eigenschaft ist, die den Dingen selbst anhängt.

β) Dynamische Beweisführung.

Die ontologisch-metaphysische Beweisführung, die das
Wesen und den Charakter des Bösen völlig verkennt, wird bei
Leibniz durch die ihm gerade eigentümliche dynamische Auf-
fassungsweise ergänzt und weitergeführt. Wie wir schon im
grundlegenden Teile gesehen haben, ist für L. selbst der kleinste
Teil des großen Universums, die Monade, ein lebendes, stets
thätiges Wesen, eine *vis activa*. Wenn nun schon der kleinste
selbständige Teil des großen Universums ein permanent thätiges
Wesen ist, so ist doch wohl die einfache Folge davon, daß auch
das Universum, das Aggregat der unendlich vielen thätigen
Monaden, thätig und belebt ist. Den Grund dafür, daß gerade
unsere Welt mit ihren mannigfachen Mängeln und keine
andere „aus der Form der Wesenheit (*essentia*) oder möglichen Wirklichkeit (*realitas possibilis*) d. h. aus dem Sein
im Verstande Gottes, in das wirkliche Dasein (*existentia*) übergehen" durfte, sieht er darin, „daß in ihr von den unendlichen
Kombinationen des Möglichen und von den möglichen Reihen
die zum Dasein gelangt ist, durch welche die meiste Wesenheit
oder Möglichkeit ins Dasein übergeführt ist". Erdmann,
Bd. I. S. 147, *de rerum originatione radicali: Hinc vero
manifestissime intelligitur ex infinitis possibilium combina-
tionibus seriebusque possibilibus existere eam, per quam
plurimum essentiae seu possibilitatis perducitur ad existendum.*
Nach ihm stellt unser Universum im Unterschiede von

allen anderen möglichen Welten die höchste Summe alles
Lebens, aller Kraft dar; eine Auffassung, in der er ein Vor-
läufer unserer modernen Naturwissenschaft geworden ist.
Freilich weicht er darin von derselben ab, daß er die Summe
des Lebens, der Kraft nicht einen Ausfluß der Natur selbst
sein läßt, daß er sie nicht betrachtet wie die Seele im Menschen
oder das Ich im Körper, sondern daß er sie der Natur mitgeteilt
sein läßt von einem außerordentlichen letzten Grunde, von Gott.

Daß unsere Welt das System der größten Kraftentwicklung
sei, das will er auch sagen, wenn er in seinem Traktate, *de
rerum originatione radicali* (Erdmann, Bd. I, S. 147), sagt:
*Ut autem paulo distinctius explicemus, quomodo ex verita-
tibus aeternis sive essentialibus vel metaphysicis oriantur veri-
tates temporales, contingentes sive physicae, primum cogno-
scere debemus eo ipso, quod aliquid potius existit quam nihil,
aliquam in rebus possibilibus, seu in ipsa possibilitate vel
essentia esse exigentiam existentiae vel (ut sic dicam) praeten-
sionem ad existendum et, ut verbo complectar, essentiam per
se tendere ad existentiam. Unde porro sequitur, omnia possibilia, seu essentiam vel realitatem possibilem exprimentia,
pari iure ad existentiam tendere pro quantitate essentiae
seu realitatis, vel pro gradu perfectionis quem involvunt; est
enim perfectio nihil aliud quam essentiae quantitas;* oder
wenn er Gottes Thätigkeit bei Hervorbringung dieser unserer
besten Welt mit der geistigen Thätigkeit eines Spielers betrachtet, dessen Aufgabe darin besteht, alle Kunstregeln und
Methoden anzuwenden, um gewissen Gesetzen gemäß alle
Felder einer Tafel mit Steinen auszufüllen. Beobachtet er
nun einige dieser Kunstregeln nicht, so kann es ihm schließlich zustoßen, daß er, durch ungünstig liegende Felder gehindert, mehr Felder leer liegen lassen muß, als er wollte
und konnte. Auch Gottes Aufgabe ist es nach L., so viel ins

Dasein treten zu lassen, wie nach der Fähigkeit des Ortes
und der Zeit (oder möglichen Ordnung des Seins) nur immer
möglich ist, wie die Mosaiksteinchen in der Weise zusammen-
gestellt werden, daß so viel als möglich in die bestimmte
Fläche gehen: S. 148. *Et sese res habet ut in ludis quibusdam cum loca omnia in tabula sunt replenda secundum
certas leges, ubi nisi artificio quodam utare, postremo spatiis
exclusus iniquis, plura cogeris loca relinquere vacua, quam
poteras vel volebas.*

Beim ersten Ursprunge der Dinge kommt eine gewisse
göttliche Mathematik oder ein metaphysischer Mechanismus
zur Anwendung, und eine Bestimmung des Größten hat
dabei statt: S. 148. *Ex his autem mirifice intelligitur, quomodo in ipsa originatione rerum Mathesis quaedam Divina
seu Mechanismus metaphysicus exerceatur, et maximi determinatio habet locum.*

Es entsteht so eine Welt, durch welche die größte Hervorbringung des Möglichen bewirkt wird: S. 148. *Sicut
enim omnia possibilia pari iure ad existendum tendunt
pro ratione realitatis, ita omnia pondera pari iure ad
descendendum tendunt pro ratione gravitatis et ut hic prodit motus, quo continetur quam maximus gravium descensus,
ita illic prodit mundus, per quem maxima fit possibilium
productio.*

Die Welt ist metaphysisch die vollkommenste, in der
am meisten Realität zu aktueller Wirklichkeit kommt:
S. 149. *Et ne quis putet perfectionem moralem seu bonitatem cum metaphysica perfectione seu magnitudine hic
confundi; et hac concessa illam neget, sciendum est, sequi
ex dictis non tantum quod mundus sit perfectissimus
physice, vel si mavis metaphysice, seu quod ea
rerum series prodierit, in qua quam plurimum reali-*

talis actu praestatur, *sed etiam quod sit perfectissimus moraliter, quia revera moralis perfectio ipsis mentibus physica est.*

Sehen wir nun, auf welche Weise er sich bei seiner dynamischen Betrachtungsweise mit dem Uebel, der Unvollkommenheit, Schwachheit, abfindet. Wir greifen bei dieser Ausführung auf den grundlegenden Teil zurück und folgen der trefflichen Ausführung von Claß, Die metaphysischen Voraussetzungen des leibnizischen Determinismus, S. 93—99. Wie wir wissen, besteht für jede einzelne Monade eine Verknüpfung von Vollkommenheit und Unvollkommenheit, aber wir können doch behaupten, daß ein besonders ungünstiges Verhältnis dieser beiden Momente jedenfalls nicht in die beste Welt gehöre. Diesen Einwurf sucht L. durch folgende Worte zu entkräften:

Erdmann, Bd. II, S. 624, *Théodicée: Le meilleur parti n'est pas toujours celui, qui tend à éviter le mal, puisqu'il se peut que le mal soit accompagné d'un plus grand bien. Par exemple un général d'armée aimera mieux une grande victoire avec une légère blessure qu'un état sans blessure et sans victoire.*

Gern nimmt er auch seine Zuflucht zu dem Worte Bernhards v. Clairvaux: *ordinatissimum est, minus interdum ordinate fieri aliquid.*

Den Grundsatz, daß in jeder Monade Vollkommenheit und Unvollkommenheit vorhanden sein müssen, wollen wir auf die Welt der Monaden anwenden. Auch in unserer Welt müssen Vollkommenheit und Unvollkommenheit mit einander wechseln, denn unsere Welt würde ja nicht diese Welt sein, wenn sie nur Vollkommenheiten in sich schlösse. Und doch kann sie trotz allen ihren Unvollkommenheiten die beste sein, wenn dieselben die negativen Bedingungen entsprechender Vollkommenheiten bilden.

Es kann wohl möglich sein, daß irgend ein integrierendes Moment dieses Monadensystemes, bestehend in starker Evolution anderer Monaden, nur erreicht werden kann durch starke Involution unserer Monade, welche mit jenen ersteren keineswegs direkt zusammenhängt. Bei diesem Vorgange müssen wir drei Momente reinlich von einander trennen:

1) unsere Monade, die in Involutionsbewegung sich befindet;

2) andere Monaden, in deren Evolution der apriorische Grund für die Involution der unseren liegt, und

3) noch andere Monaden, deren starke Evolutionen ein integrierender Bestandteil dieses Weltsystems sind.

Zwischen 1 und 2 herrscht das Verhältnis von Grund und Folge. Die Verknüpfung von 1 und 2 mit 3 ist die von Mittel und Zweck. Alle diese Einwirkungen haben jedoch nur apriorischen Grund, d. h. sie vollziehen sich nur in dem beide Monaden denkenden Intellekte.

„Damit dieses für das Weltsystem als solches erforderliche Moment erreicht werde, wird das allen Monadenverkehr beherrschende Gesetz von Grund und Folge in diesem Falle so zur Anwendung gebracht, wie es zur Anwendung gebracht wird." Gegen diese Anschauung scheint der Satz zu sprechen, daß die eigentümliche Bestimmtheit jeder Monade ein integrierender Bestandteil dieses Weltsystems ist. Ist dies der Fall, wie können dann die Evolutionen einiger Monaden als integrierendes Moment dieses Weltsystems angesehen werden? Wie können diese Evolutionen als Zweck angesehen werden, dem ein ganzer Komplex von Evolutionen und Involutionen anderer Monaden lediglich als Mittel dienen soll? Muß nicht alles, was integrierender Bestandteil dieses Weltsystems ist, also jede einzelne Monade, auch ein integrierender Bestandteil des Weltzweckes sein?

„Die Lehre von der Monade verlangt doch wohl, daß jede Monade zunächst und in erster Linie als Zweck für sich selbst, und nur soweit es ohne Schädigung dieser zwecklichen Selbständigkeit geschehen kann, als Mittel für andere, in erster Linie dann für den Weltzweck betrachtet werde." Diesen Einwurf weist Leibniz durch folgende Erwägungen zurück: Der Zweck kann seinem Begriffe nach nie auf etwas Negatives gehen, sondern nur auf etwas Positives; nur Vollkommenheiten, nicht Unvollkommenheiten können daher Zwecke sein. Was haben wir aber bei den Monaden unter Vollkommenheiten zu verstehen? Als *vis activa* befindet sich die Monade nie in Ruhe, sondern ist immer in Evolution und Involution begriffen. In Evolution sich zu befinden, können wir als Vollkommenheit bezeichnen, denn durch sie wirkt die Monade indirekt auf andere; in Involution zu sein, müssen wir als Unvollkommenheit ansehen, denn die Involution hat ja apriorisch, d. h. durch den göttlichen Intellekt hindurch ihren Grund in den Evolutionen anderer Monaden. cf. E r d m a n n , Bd. II, S. 709, 49: *la créature est dite agir au dehors en tant qu'elle a de la perfection, et pâtir d'une autre en tant qu'elle est imparfaite.*

In dem ersten Falle ist die Monade durch sich selbst, in dem letzteren nur durch andere bestimmt. Wenn nun nur Vollkommenheiten, nicht aber Unvollkommenheiten Zwecke sein können, so wird jetzt klar, daß der Zweck immer nur auf Evolutionen gehen kann. Da nun jede Monade als *vis activa* in sich einen bestimmten Wechsel von Evolution und Involution durchläuft, so kann offenbar der Zweckbegriff nicht auf die Monade als solche, sondern nur auf ihre Vollkommenheiten, d. h. ihre Evolutionen, angewendet werden.

Um nun diese Vollkommenheiten zu erreichen, ist ein komplizierter Zusammenhang zwischen anderen Monaden erforderlich, der sich in diesem Falle als Mittel zum Zwecke verhält. Ob nun dieser Zweck wirklich durch die einfachste Komplikation erreicht wird, das entzieht sich unserer menschlichen Beurteilung. Jedenfalls steht das fest, daß es eines komplizierten Zusammenhanges (einer Komplikation) bedarf, um mit Monaden, deren Vollkommenheit ihrer Natur entsprechend immer mit Unvollkommenheit verknüpft ist, etwas zu erreichen.

Wenn man daher nicht die Behauptung aufstellen kann, das Mittel sei zu kompliziert, so kann man ihm vielleicht den Umstand zum Vorwurf machen, daß es überhaupt kompliziert ist, und es eben darum in Hinsicht auf den beabsichtigten Zweck für unangemessen erklären. Doch dieser Vorwurf findet sofort seine Erledigung dadurch, daß ja eben das Mittel eine Verknüpfung von Vollkommenheit und Unvollkommenheit unter Anwendung des Gesetzes von Grund und Folge ist. Im Mittel haben wir also stets Vollkommenheit und Unvollkommenheit miteinander. Kann nun im Mittel allein ein Zweck erreicht werden, der doch etwas völlig Vollkommenes ist? Dies ist von vornherein ausgeschlossen. Das Mittel soll dem Zwecke nur dienen.

Alle Komplikationen von Monaden können nie reine Vollkommenheit anderer Monaden hervorbringen. Sie vermögen nur, eben weil der Zweck ihr ideelles Prius ist (d. h. im Verstande Gottes ihnen vorausgeht und sie bestimmt), gleichsam den Platz frei zu machen und zu umgrenzen, welcher der spezifische Platz ist für die Monaden, mit deren Unvollkommenheit die als Zweck erstrebte Vollkommenheit unlöslich verknüpft ist.

Nach der gegebenen Darstellung sind alle Evolutionen der Monaden als Zweck zu betrachten; sie sind in den Monaden, aber nicht die Monaden selbst, denn zu jeder Monade gehört ein Wechsel von Vollkommenheit und Unvollkommenheit, von Evolution und Involution, aber nicht Evolution allein. Sie bilden nicht selbständige Wesen, sondern „das in den Wesen, welchem Sein und Sosein derselben dient".

Einen Zusammenschluß, ein Gemeinsames aller dieser Zwecke finden wir in dem Weltzwecke, dieser besteht in der größtmöglichen Summe von Vollkommenheiten, die durch die geringste Aufwendung von Monaden und Monadenkomplikationen erreicht werden kann. Diese Welt, als das Aggregat der Monaden, ist die Heimstätte des Weltzweckes. Sie ist die beste, denn in keiner anderen ist so viel Vollkommenheit durch so einfache Mittel zu erreichen. In dieser Welt ist das Verhältnis von Vollkommenheit und Unvollkommenheit günstiger als in den einzelnen Monaden, denn durch die Komplikation wird auch die Unvollkommenheit des Einzelnen der Vollkommenheit des Ganzen dienstbar gemacht. cf. Erdmann, Bd. II, S. 623, *Théodicée: Le crime de Sextus sert à de grandes choses; il en naîtra un grand empire qui donnera de grands exemples. Mais cela n'est rien au prix du total de ce monde, dont vous admirerez la beauté, lorsqu'après un heureux passage de cet état mortel à un autre meilleur les Dieux vous auront rendu capable de la connaître.*

Bei einer derartigen Betrachtungsweise soll demnach das Unvollkommene durch den Zweckbegriff und den Hinweis auf das Wesen der Monade als *vis activa* eliminiert werden.

γ) Aesthetische Beweisführung.

Weit mehr als die metaphysisch - privatistische und dynamische Beweisführung wird von Leibniz die ästhetischkünstlerische ausgemalt. Hier entwickelt sich seine Anschauung von der Weltharmonie, welche der optimistischen Grundrichtung seines auf die Einigung der Gegensätze gerichteten Wesens von Jugend an geläufig und historisch ein Erbteil seiner Vertiefung in die Antike und die Scholastik war. Stets bewundert er mit ästhetischem Wohlgefallen die Regelmäßigkeit des Weltalls und kann sich nicht in Lobsprüchen der göttlichen Weisheit erschöpfen, welche in der Natur eine Harmonie beobachtet, die an Schönheit gar nicht überboten werden kann. Bei Schöpfung der Welt, so pflegt er sehr oft zu raisonnieren, hat Gott allein den Vorsatz gehabt, seine Vollkommenheit auf die allernachdrücklichste und seiner Allmacht, Gütigkeit und Weisheit anständigste Weise zu offenbaren und mitzuteilen. Wenn nun im System der allervollkommensten Harmonie sich trotzdem mannigfache Unvollkommenheiten finden, so muß man daraus schließen, es würde ohne dieselben ein noch größeres Uebel schlechterdings unvermeidlich gewesen sein. Dies besteht nach ihm darin, daß Gott übel gewählt hätte, wenn er anders gewählt hätte, als er gethan; ja er steigert dies zu dem widerspruchsvollen Satze, eine Welt mit Bösem ist besser als alle möglichen anderen Welten. Starke und unumstößliche Gründe haben eben Gott bewogen, eine mit mannigfachen Mängeln behaftete Welt der besten möglichen Welt vorzuziehen.

Mit allen diesen Beweisen hat freilich Leibniz allerhöchstens eine gewisse Möglichkeit, keineswegs jedoch eine Wirklichkeit oder Notwendigkeit bewiesen, welche den allmächtigen und allgütigen Gott zur Zulassung des Uebels hätte bewegen können. Er gewinnt aber den Standpunkt der ästhetischen Betrachtung durch die Erhebung von den Teilen zum Ganzen. Das, was wir an einem kleinem Teile als Unordnung sehen, ist Ordnung im Ganzen. Daß es sich

so verhält, sehen wir, wenn wir ein Ganzes, etwas an sich
Vollkommenes betrachten und mit den isolierten Teilen ver-
gleichen; so können wir z. B. bei einem Tiere nicht genug-
sam die schöne, harmonische Struktur bewundern, sehen wir
aber ein Stück Fleisch von demselben Tiere so erscheint
uns alles in völliger Unordnung [1]). So ist's auch mit dem
All; was wir von ihm sehen, ist ein zu kleines Stück, als
daß wir die Schönheit und Ordnung des Ganzen daraus zu
erkennen vermöchten. Treffend vergleicht uns Leibniz mit
den Beschauern eines Bildes, das nur von einem bestimmten
Punkte aus als etwas Harmonisches sich uns darbietet, das
aber von jedem anderen Punkte aus als purste Verwirrung
erscheint. cf. Erdmann, Bd. I, S. 149: *de rerum originatione radicali, Picturam pulcherrimam intueamur, hanc totam
tegamus demta exigua particula, quid aliud in hac apparebit,
etiamsi penitissime intueare, imo quanto magis intuebere de
propinquo, quam confusa quaedam congeries colorum sine
delectu, sine arte et tamen ubi remoto tegumento, totam tabu-
lam eo quo convenit situ intuebere, intelliges, quod temere
linteo illitum videbatur summo artificio ab operis autore
factum fuisse.* Wie im Planetensystem sich alles in sichere
Ordnung gefügt hat, sobald man das Ganze von der Sonne
aus betrachtet, so gilt es überhaupt der Welt gegenüber, „das
Auge in die Sonne zu stellen". Wie dies scheinbar unhar-
monische und unästhetische Bild uns den schönsten Anblick
bietet, wenn wir es vom rechten Punkte aus betrachten, so
verhält es sich auch mit den Unförmlichkeiten unserer
kleinen Welt, die im großen All zu Schönheiten werden. Bisweilen vergleicht er auch die Unebenheiten und Unvollkommenheiten in den Teilen des Alls mit den Dissonanzen.

---

1) cf. *Théodicée* (édition Gerhardt), Bd. VI, S. 384, 121, 179, 204, 162,
245 § 212, S. 213, 235, 179, 244 c. 211, c. 200, S. 208.

Wie die letzteren oft die Harmonie eines Musikstückes nur noch erhöhen, so tragen auch die ersteren nur zur bewunderungswürdigen Schönheit des Ganzen bei. Böte sich uns nur eine fertige und ruhende Welt des Vollkommenen dar, so würden wir ein recht einförmiges Bild haben. Die Abwechslung in den Erzeugnissen Gottes, die Mannigfaltigkeit in den Erscheinungsweisen des Daseins geben erst in ihrer Stufenreihe vom Vollkommenen zum Unvollkommenen rechte Harmonie. cf. Erdmann, Bd. I, S. 149, *de rerum originatione radicali: Eodem ex principio insipidum est semper dulcibus vesci, acria, acida, imo amara sunt admiscenda, quibus gustus excitetur. Qui non gustavit amara, dulcia non meruit, imo nec aestimabit.* Vollkommenheit und Unvollkommenheit müssen in der Welt sehr ungleich verteilt sein, denn nur so ergiebt sich das Gesetz der Stetigkeit, welches jede Lücke in der Welt ausschließt. Die Natur macht keine Sprünge, es giebt in ihr kein *vacuum formarum.* Immer schließt sich die niedrigste Stufe der höheren Seinsordnung an die höchste der nächst niederen. So sind z. B. die niedrigsten Tierorganismen nur wenig über die Pflanzenwelt erhaben. Würde die Weisheit des allmächtigen Wesens nur immer dasselbe wiederholen, möchte es an und für sich auch noch so vortrefflich sein, so wäre dies doch ein Ueberfluß, ein Armutszeugnis für dieselbe. Neben den vernunfterfüllten Geschöpfen muß es naturgemäß auch Tiere, Pflanzen und leblose Körper geben.

Die bisherigen Ausführungen Leibnizens sind zwar recht anziehend, aber sie umgehen leider stets den Kernpunkt der Sache. So ist es allerdings klar, daß in der anscheinend größten Unregelmäßigkeit oder Unordnung die schönste Angemessenheit enthalten sein kann, aber alle die angeführten Beispiele wären doch nur zutreffend, wenn das Unregelmäßige

oder Uebel als eine *conditio sine qua non* für das Werk des
allmächtigen Gottes nachgewiesen wäre. Das ist aber nicht
der Fall. Es handelt sich hier keineswegs um Ordnung und
Schönheit, sondern um die Güte. Wo die ersteren nicht
mit der letzteren zugleich zu haben sind, giebt man immer
der Güte den Vorzug. Ferner vergißt Leibniz offenbar, daß
nicht derjenige der beste Weltplan ist, welcher die größte
Mannigfaltigkeit in sich schließt, sondern der, welcher das
meiste Gute enthält, auch ist die von unserem Philosophen behauptete Gemeingiltigkeit des Gesetzes der Kontinuität nichts weniger als erwiesen, und schließlich schränkt
die Annahme, Gott sei bei der Schöpfung an dasselbe gebunden gewesen, die göttliche Allmacht in einer Weise ein,
die mit der religiösen Vorstellung unverträglich ist [1]). Derartige Ausführungen können demnach weder den Philosophen
noch den Gläubigen befriedigen.

Mit Recht dagegen weist Leibniz darauf hin, wie ober-
flächlich und ungerecht oft die Menschen das Verhältnis von
Gutem und Bösem abschätzen. Der Mensch ist von Natur
geneigt, das Gute, das er tagtäglich genießt, als etwas Selbstverständliches gering zu schätzen oder gar ganz zu übersehen, das Ueble und Unangenehme dagegen, das ihn im
Vergleich mit dem Guten doch nur höchst selten trifft, über
Gebühr zu erheben und zu vergrößern. Dadurch kommt es
denn, daß er bei oberflächlicher Schätzung des gegenseitigen
Verhältnisses von Gut und Böse, wie er es in seinem bisherigen Dasein erfahren zu haben vermeint, zu der Annahme
gelangt, daß das Böse das Gute bei weitem überstiege. Wie
leichtfertig und thöricht eine derartige Beurteilung ist, sucht
uns Leibniz durch folgende Beispiele klar zu machen.

---

1) cf. Gerhardt, Bd. VI, *Théodicée*, S. 175 c. 121, S. 225 c. 183,
S. 318, 390, 131 c. 53.

Wären wir z. B. gewöhnlich krank und selten gesund, so
würden wir das große Gut der Gesundheit über alle Maßen
schätzen und von der Krankheit nicht viel Wesens machen.
Doch ist das Gegenteil nicht weit angenehmer? Die gewöhnliche Anschauung von dem Ueberwiegen der Unvollkommenheit
kommt daher, daß es unsere Aufmerksamkeit mehr erregt
als das Vollkommene, weil es in der selbstischen Art der
menschlichen Natur liegt, eher und stärker auf das Mangelhafte als auf das Vollkommene zu achten [1]). Und dann,
welch' winziger Teil des Alls bietet sich uns zur Beobach-
tung dar, und wie beschränkt ist unsere Einsicht in denselben! Ist es unter diesen Umständen nicht anmaßend von
uns, ein ungünstiges Urteil zu fällen, sollten wir nicht vielmehr den Ausspruch des Sokrates über Heraklits Werke be-
herzigen: „Was ich davon verstanden habe, gefällt mir, über
das Uebrige wage ich nicht zu urteilen." cf. *de rerum
originatione radicali*, E r d m a n n, S. 149: *Et tamen ex tam
parva experientia temere iudicamus de immenso et aeterno,
quasi homines in carcere aut si mavis in subterraneis salinis
Sarmatarum nati et educati non aliam in mundo putarent
esse lucem quam illam lampadem malignam aede gressibus
dirigendis sufficientem.*

Auf diese Weise bemüht sich Leibniz, einen großen Teil
der Uebel der pessimistischen Stimmung des Menschen zuzuschreiben. Auch durch eine nähere Begriffsbestimmung
des physischen Gutes und Uebels unterstützt L. diese Betrachtung. Das physische Gut besteht nicht allein im Ver-
gnügen, sondern auch schon in einem mittleren Zustande
z. B. der Gesundheit. Hiernach sind alle Empfindungen, die
uns kein Mißvergnügen verursachen, alle Ausübungen unserer

---

1) cf. *Théodicée* (édition Gerhardt), Bd. VI, S. 233 c. **197,** S. 250, 377.

Kräfte, die uns nicht beschwerlich sind, physische Güter,
denn ihre Beraubung empfinden wir als Uebel. In diesem
Sinne übertrifft das Gute das Böse bei weitem, denn
unsere Annehmlichkeiten sind größer als unsere Beschwer-
lichkeiten. Die gewöhnliche, entgegengesetzte Anschauung
kommt daher, daß das Böse unsere Aufmerksamkeit mehr
erregt als das Gute, das uns so zur Gewohnheit geworden
ist, daß wir es kaum noch als ein Gut empfinden. Zu dieser
ganzen Ausführung haben wir wiederum zu bemerken, daß
es sich durchaus nicht darum handelt, ob das physische Gut
das physische Uebel übertrifft, sondern darum, weshalb das
Letztere im Universum durchaus notwendig und unvermeidlich war.

Indem nun Leibniz den Menschen in den Naturzusammen-
hang, in die end- und lückenlose Reihe der Naturerscheinungen
stellt, wird es ihm auch nicht schwer, die Existenz aller
Uebel, von welchen der Mensch belästigt wird, als da sind
Mißvergnügen, Harm, Schmerz, alle Arten von Beschwerden
und geistige Beschränktheit, auf eine dem höchsten Wesen
angemessene Weise zu erklären. Wäre Glück und Heil der
vernünftigen Kreaturen der einzige Endzweck Gottes, so
würde es vielleicht hienieden kein Unglück geben, doch bei
solchem Thun würde er das, was dem ganzen Weltgebäude
zukommt, nicht beobachten, und die allgemeine Ordnung
fordert eben Materie und damit, wie Leibniz uns glauben
machen will, Unvollkommenheit und Böses. Im Hinblick
auf die größtmögliche Vollkommenheit des Alls muß Gottes
Liebe zur Tugend und Glückseligkeit der vernünftigen Geschöpfe, die an sich schrankenlos ist, einige Einschränkungen
erfahren. Leibniz bedient sich hier des Beispiels der Vernunft, die, an und für sich ein Gut, durch den Mißbrauch,
den der Mensch mit ihr treibt, ein Uebel werden kann.

Würde man verlangen, daß Gott kein solches Gut geben sollte, wenn es gleich der allgemeine Weltplan verlangt, oder daß er Mittel gegen den Mißbrauch geben sollte, wenn dieselben auch der allgemeinen Ordnung zuwider wären, so würde man damit verlangen, daß Gott selbst strafbar würde, nur damit den Menschen keine Schuld träfe. Die Wohlthaten Gottes kann man nur dann richtig schätzen, wenn man ihre Größe und Ausdehnung betrachtet, und sie sind, wenn sie auch schaden mögen, doch nicht ἐχθρῶν δῶρα ἄδωρα, weil Gottes Absicht lauter und rein ist, weil sie nicht besser sein kann, als sie ist. Oder sollte es etwa deshalb nicht soviel Vollkommenheit, Schönheit und Vernunft in der Welt geben, weil es Leute giebt, welche sie mißbrauchen. Auch hier gilt mit Fug und Recht der Satz: *Abusus non tollit usum.* Wünschen, daß Gott den vernünftigen Kreaturen keinen freien Willen gäbe, das hieße wünschen, daß es keine vernünftigen Kreaturen seien, und wollen, daß Gott den freien Willen zum Guten beeinflusse, das hieße wollen, daß nur diese Kreaturen existieren. Da die Menschen einen vergänglichen Körper haben, so müssen auch ihre Empfindungen und Vorstellungen demselben entsprechen, so müssen sie auch von Gefühlen der Lust und Unlust beherrscht werden. Die Materie verlangt Sinnlichkeit und mit ihr getrübte und verworrene Vorstellungen. Das Uebel gehört mit einem Worte zur Natur des Menschen, und da es Uebel geben muß, so muß es notgedrungen auch Leute geben, die sie tragen, und daß nun gerade wir und nicht andere ihre Träger sind, darüber dürfen wir uns nicht beklagen, denn wenn die anderen an unserer Stelle wären, wären sie dann nicht eben das, was wir jetzt „wir" nennen? Leider scheitern alle diese schönen Ausführungen an der wohlberechtigten Frage: Warum hat Gott die Geschöpfe und die Welt nicht vollkommener geschaffen, da er doch nach Leibniz imstande ist, die physischen Gesetze, die doch nur eine moralische Notwendigkeit in sich schließen, derart einzurichten, daß den Geschöpfen das physische Uebel erspart blieb. Sein ermüdendes: Gott hat die Welt mit Uebeln geschaffen, Gott ist vollkommen, also hat er wohlgethan, und das Universum verlangt es so, vermag nicht zu überzeugen. Wenn man mit solchen Gründen das Böse zu verteidigen sucht, dann versetzt man sich doch unwillkürlich aus der Rolle eines nüchternen Beobachters in die eines voreingenommenen Anwaltes, dem es nicht darauf ankommt, ob er die äußerste Grenze des Rechts überschreitet, wenn es ihm nur gelingt, durch irgend welche sophistischen Kunststücke seinen Klienten von dem auf ihm lastenden bösen Verdachte zu reinigen. Man sollte doch stets bedenken, daß nach dem Moralgesetze ein Endzweck nur durch gute Mittel erstrebt werden darf, und daß man lieber auf die Erreichung eines größeren Zweckes verzichten sollte, wenn man ihn nur mit Hilfe von schlechten Mitteln erreichen kann. Nun gar Gott, dem höchsten Wesen, eine derartige Rolle zuweisen zu wollen, den Allmächtigen und Allgütigen bei seiner Schöpfung mit bedenklichen Hilfsmitteln operieren zu lassen, damit dieselbe angeblich besser werde, als es unter anderen Umständen möglich gewesen wäre, das ist doch mehr denn unvorsichtig. Leider können wir Leibniz und auch Thomas nicht den Vorwurf ersparen, daß sie den sündlosen und allmächtigen Gott von der ersten allgemeinen Sittenregel haben entbinden wollen: Der Zweck heiligt nicht alle Mittel. War es für Leibniz schon eine recht heikle Aufgabe gewesen, die Uebel, welche er unter der Kategorie der physischen begreift, zu rechtfertigen, so wird es noch weit schwieriger für ihn, sich mit dem moralischen Uebel abzufinden, und wir werden im Verlaufe der

Abhandlung sehen, wie er alle die Konsequenzen, die er aus
den Prämissen seines Determinismus gezogen, wonach das
moralische Uebel eine Folge unserer Endlichkeit ist, und
wir für den Defekt am Guten, den wir in unserem Handeln
erleiden, nicht verantwortlich gemacht werden können, plötz-
lich abbricht und seine Zuflucht zu den Erklärungsversuchen
der mittelalterlichen Scholastik nimmt und somit auf die
Möglichkeit einer den Prinzipien seines Systems entsprechenden Lösung verzichtet. Nach seiner deterministischen Weltanschauung hätte Leibniz das Böse wie jede andere Unvollkommenheit für naturnotwendig halten müssen; wie er in
der Mißgeburt nicht etwas Abnormes, der Natur Wider-
sprechendes sieht, so hätte er auch im Bösen eine Erscheinung sehen müssen, welche zwar scheinbar mit den sittlichen
Gesetzen in Widerspruch steht, in Wahrheit jedoch aus diesen
Gesetzen unter gewissen in der Natur der Dinge begründeten
Bedingungen sich ergiebt. Nach der bekannten Regel: Zum
Unmöglichen wird niemand verpflichtet, ist schon der Endlichkeit des Menschen Sorge getragen, sein Sollen darf nie
über sein Können hinausgehen. Der Wille ist nach Leibniz
dem Kausalgesetz unterworfen, so sehr er sich auch selbst
gegen diese Folgerung gesträubt hat; und wenn er auch
durch seine feine Unterscheidung zwischen logischer und
moralischer Notwendigkeit dies umgehen will, im Grunde
leugnet er doch wie alle Deterministen die menschliche Freiheit, ist doch die Seele nach ihm nichts anderes als ein
Automat, und dem wird doch niemand Spontaneität zuschreiben wollen. Leibniz bestimmt die Freiheit des Willens
oft als die Möglichkeit der Unabhängigkeit vom stärksten
Antriebe, die niemals wirklich wird. Ein Vermögen jedoch,
das niemals in Ausübung kommen kann, ist ein nichtiges.
Der Wille steht schließlich ebenso innerhalb des Kausalnexus,

wie jeder anderer Vorgang in der Natur. Endliche Natur-
wesen dürften demnach niemals ohne ein gewisses Zurück-
bleiben ihres Willens hinter den sittlichen Anforderungen
gedacht werden, die Handlungen der Einzelnen müßten, als
die notwendige Folge natürlicher Ursachen, als etwas unter
den Bedingungen des menschlichen Daseins Unvermeidliches
begriffen werden, sie müßten denselben Gesetzen folgen, wie
die Möglichkeit des Sittlich-Guten. Diese Folgerungen hat
auch Leibniz sich nicht zu ziehen gescheut. Dies liegt deut-
lich zu Tage, wenn er das Formale der Sünde in keiner
eigentlichen Ursache, sondern in der Privation sucht, d. h. in
dem, was die wirkende Ursache nicht thut, wenn er mit den
Scholastikern nach Augustin die Ursache eine defiziente
nennt [1]). Das Böse sei nichts anderes als eine Beraubung
des Seins, während doch die Aktion Gottes jederzeit auf
etwas Wirkliches geht. Zur Veranschaulichung bedient er
sich des bekannten Vergleichs der Menschen und ihrer Eigenschaften mit verschieden schwer beladenen Schiffen, der
Aktion Gottes mit der Kraft des Stromes. Die Kraft des
Stromes ist für alle Schiffe dieselbe, die größere oder geringere Fortbewegungsschnelligkeit ist abhängig von der Last
des Schiffes, der Trägheit der Materie. Diese besteht bei
den Menschen in der Unvollkommenheit, die Langsamkeit
des Schiffes entspricht dem Mangel in den Eigenschaften
und dem Handeln der Kreaturen. Demnach sind Fehler
und Mängel nur ein *malum ex quolibet defectu*. Das Böse
hat ebensowenig ein eigenes Prinzip, wie z. B. die Kälte und
die Finsternis.

Denselben Standpunkt vertritt Leibniz, wenn er behauptet, daß die vernünftigen Geschöpfe, falls sie nur deut-

---

1) cf. *Théodicée* (édition Gerhardt), S. 288, 300 c. 310, S. 288, 300, 413.

liche Vorstellungen und Begriffe hätten, Gott gleich sein
würden, und daß sie, da dies nicht angängig wäre, unvollkommen sein müßten. Weil nun die göttliche Weisheit eine
Welt von vernunftbegabten und vernunftlosen Substanzen
fordert, weil aus allen Dingen diejenigen gewählt werden
mußten, welche die beste Wirkung und Harmonie zusammen
haben, und weil das Böse durch diese Thür mit in die
Welt gekommen ist, so würde Gott nicht vollkommen weise
und gut gewesen sein, wenn er es ausgeschlossen hätte. Der
Quell der Laster liegt in den Ideen und Formen der möglichen Dinge, welche allein Gott nicht geschaffen hat, während er doch sonst alle wirklichen, nicht ewigen Realitäten
ins Dasein gerufen hat, weil sie mit seinem Verstande identisch sind, und Gott nicht der Schöpfer seines eigenen Ver-
standes sein kann. Fechten wir diesen sehr gewagten Satz
nicht an, der für die Unvermeidlichkeit des Lasters und
seine Notwendigkeit keinen stichhaltigen Beweis erbringt
und neben Gott oder vielmehr über Gott als ein von ihm
unabhängiges Zweites die Welt der ewigen Ideen setzt, so
ist doch die Frage nicht schlechthin von der Hand zu weisen,
ob Gott in der wirklichen Ausführung, wo die ewigen Formen
in die Materie übergehen, zu dem Bösen nicht in irgend
einer Form konkurriert habe, und ob er somit doch nicht
im letzten Grunde der Urheber des Bösen sei. Hierin liegt
für Leibniz der Stein des Anstoßes, der ihn veranlaßt, die
bisher entwickelte Ansicht durch weitere Distinktionen noch
zu verbessern. Auch er empfindet es als unerträglich, daß
das Böse dasselbe Recht haben solle wie das Gute, daß beide
aus einer gemeinschaftlichen Wurzel stammen sollen. Könnte
bei solcher Annahme das Böse nicht das Gute bei weitem
übertreffen, und wo bliebe dann die beste Welt? Wäre sie
nicht, um mit einem Lieblingsausdrucke Leibnizens zu sprechen,

etwas Chimärisches? Das Böse soll ja nur etwas Untergeord-
netes sein, nichts Gleichberechtigtes, es soll nur ein Mittel
zur Erreichung höherer Güter sein, etwas, das als ein Defek-
tives in der Entwickelung des Guten und durch das Gute
mit einfließt.

Und so macht er denn einen feinen Unterschied zwischen
Schaffen und Zulassen, zwischen vorhergehendem und nach-
folgendem Willen. Nach seinem vorhergehenden Willen beabsichtigt Gott nur das Beste seiner Kreaturen, ihre Glückseligkeit. Die Sünde jedoch, die sein vorhergehender Wille
verwirft, kann von seinem nachfolgenden Willen nur insofern
und soweit verworfen werden, als ihn die Regel des Besten
dazu bewegt. Seine höchste Gütigkeit bewirkt, daß sein
vorhergehender Wille alles Böse, das moralische aber mehr
denn alles andere zurückhält, sie läßt es nur zu aus höheren
unüberwindlichen Ursachen, welche in den ewigen Wahrheiten
liegen, die mit seinem eigenen Verstande und seiner Weisheit
identisch sind. Diese höheren Ursachen üben auf Gott keinen
physischen Zwang aus, dem er bedingungslos nachgeben
müßte, nein, sie üben nur einen moralischen Zwang aus, indem sie ihn überzeugen, daß er nur dann wirklich moralisch
und gut handeln werde, wenn er ihrer Mahnung Folge leiste.
Solcher Zwang verdient nach L. kaum den Namen Zwang.
Die Weisheit zeigt ihm an, auf welche Art er seine Gütigkeit am besten wirken lassen kann: das Böse ist mithin ein
unumgänglicher Erfolg des Besten, das Beste zulassen, wie
Gott es zuläßt, ist die größte Gütigkeit, die Existenz des
Bösen ist für das Gute eine *conditio sine qua non*. Wie
allerdings bei Gott, dem Allmächtigen, von einer *conditio
sine qua non* und von einem Zulassen die Rede sein kann,
darüber schweigt sich Leibniz völlig aus, und dann ist es
doch mehr als bedenklich, den menschlichen Zustand des

Wählens, Vergleichens und Abwägens auch auf den allweisen und allwissenden Gott zu übertragen, dem alles Vergangene, Gegenwärtige und Zukünftige immer und alles zu gleicher Zeit gegenwärtig ist.

Nachdem er so von Gott das *malum culpae* abgewälzt zu haben vermeint, treten nun in Wirkung alle die von uns vorher geschilderten Bemühungen, das Uebel als möglichst gering erscheinen zu lassen und den Optimismus gegen den Pessimismus durchzusetzen. Schließlich kommt die Sache immer wieder auf die Ansicht des Thomas heraus: *Ad prudentem gubernatorem pertinet negligere aliquem defectum in parte, ut faciat augmentum bonitatis in toto.*

Es dürfte nicht schwer fallen, den überaus gefährlichen Satz: *facienda esse mala, ut eveniant bona* durch die von Leibniz citierte Stelle des heiligen Thomas zu stützen, ein Erweis, wie weit selbst ein Thomas und ein Leibniz von einer der Grundlehren der christlichen Ethik abweichen konnten, wenn sie in der Erörterung völlig transcendenter Fragen allzu sehr ihrer Vernunft vertrauten.

Ein Sieg der theoretischen Vernunft über die praktische ist in dem Ganzen unverkennbar.

Bevor ich wieder *in medias res,* d. h. zu einer Darstellung der Ansicht des Thomas übergehe, möchte ich bemerken, daß die mannigfachen Einwendungen, die ich gegen die Darstellung des Leibniz erhoben, und die mannigfachen Widersprüche, welche ich ihm nachgewiesen, den heiligen Thomas in demselben Maße treffen, daß ich jedoch von einer nochmaligen Anführung derselben absehen werde.

II.

a) Grundlegender Teil.

Bevor ich in eine Darstellung des Problems beim Thomas eintrete, möchte ich zunächst den mannigfachen Wurzeln seines Systems im Aristotelismus, Platonismus resp. Neuplatonismus und Augustinismus nachspüren.

Das System des Thomas begründet sich auf der Philosophie des Aristoteles, wie sie sich unter dem Einflusse des Neuplatonismus gestaltet hat, und würde ohne Kenntnis der Grundzüge dieser Philosophie unverständlich sein. Die folgende Darstellung stützt sich zunächst auf die Werke von Zeller, „Philosophie der Griechen", II. Teil, 2. und 3. Abteilung, 3. Aufl.; auch Ueberweg-Heinze, „Grundriß der Geschichte der Philosophie des Altertums und der patristischen und scholastischen Zeit", war uns von erheblichem Wert.

Aristoteles findet das Wesen der Dinge in den Formen ($\varepsilon\check{\iota}\delta\eta$), und es bilden diese Formen den Inhalt unserer Begriffe. Seine Philosophie will daher Begriffswissenschaft sein. Das Einzelne soll auf allgemeine Begriffe zurückgeführt werden. Die Grundlage alles Erkennens bildet hier die Metaphysik. Sie hat es mit dem Seienden als solchem, dem Ewigen, Unkörperlichen, Unbewegten zu thun, welches die Ursache aller Bewegung und Gestaltung in der Welt ist. Näher gruppiert sich ihr Inhalt um die drei Fragen nach dem Verhältnis des Einzelnen und des Allgemeinen, der Form und des Stoffes, des Bewegenden und Bewegten.

1) Das Einzelne und das Allgemeine. Nach Plato kommt nur dem Allgemeinen, den Ideen, welche den Inhalt unserer Begriffe bilden, Realität zu. Er macht sie deshalb von den

Einzeldingen unabhängig und erhebt sie zu selbständigen, substantiellen Wesenheiten, während er den Einzeldingen gar keine selbständige Existenz zuschreibt, sondern in ihnen nur ein schwaches Abbild der Ideen sieht. Diese Lehre unterwarf Aristoteles einer vernichtenden Kritik und nahm im Gegensatze zum Plato an, daß das Allgemeine nichts für sich Existierendes, eine Welt für sich sein, daß es nicht außer den Dingen existieren könne, deren Wesen es ja sei. Den Ideen fehle die bewegende Kraft, ohne die sie nicht die Ursachen der Erscheinung sein könnten. Er hält nur das Einzelne für etwas Wirkliches, für eine volle Substanz, und giebt von ihm folgende Definition: οὐσία δέ ἐστιν ἢ μήτε καθ' ὑποκειμένου τινὸς λέγεται μήτ' ἐν ὑποκειμένῳ τινί ἐστιν, was weder von einem anderen ausgesagt werden kann noch einem anderen als Accidentelles anhaftet. Alle allgemeinen Begriffe dagegen drücken nur gewisse Eigenschaften der Dinge (der Substanzen) aus und auch der Gattungsbegriff nur das gemeinsame Wesen gewisser Substanzen. Sie können daher nur uneigentlich und abgeleiteter Weise Substanzen genannt werden, aber sie dürfen nicht für etwas außer den Dingen Subsistierendes gehalten werden. Sie sind nicht ein ἕν παρὰ τὰ πολλά, sondern ein ἕν κατὰ πολλῶν.

Wenn aber trotzdem der Form, die immer etwas Allgemeines ist, im Vergleich zu dem aus Stoff und Form Zusammengesetzten die höhere Wirklichkeit zugesprochen wird, so ist das ein arger Widerspruch.

2) So sehr Aristoteles das Fürsichsein und die Jenseitigkeit der platonischen Ideen bekämpft, so will er doch die leitenden Gedanken der Ideenlehre so wenig aufgeben, daß seine eigenen Bestimmungen über Form und Stoff vielmehr nur ein Versuch sind, dieselbe in einer haltbareren Weise durchzuführen.

Jede Veränderung setzt ein Unveränderliches, alles Werden ein Ungewordenes voraus, welches näher zwiefacher Art ist:

α) das Substrat, das zu etwas wird, und an dem sich die Veränderung vollzieht,

β) die Eigenschaften, in deren Mitteilung ans Substrat die Veränderung sich vollzieht.

Jenes Substrat nennt Aristoteles die ὕλη, die Materie, den Stoff; die Eigenschaften benennt er mit dem schon von Plato gebrauchten Ausdrucke εἶδος, μορφή.

Der Stoff ist nicht ein Nichtseiendes schlechthin, sondern die Möglichkeit oder Anlage (δύναμις), die Form ist die Vollendung, die Ausbildung oder Erfüllung eben dieser Anlage (ἐντελέχεια, ἐνέργεια, actus). Im relativen Sinne ist jedoch der Stoff etwas Nichtseiendes, nämlich das „Nochnichtsein" des vollendeten Gebildes, der Einheit von Stoff und Form. Der Entelechie entgegengesetzt ist das Beraubtsein, der Mangel, die Entbehrung oder das Nichthaben (στέρησις, privatio, defectus). Da das Ziel des Werdens erreicht ist, wenn der Stoff seine Formen angenommen hat, so ist die Form jedes Dinges die Wirklichkeit desselben und die Form überhaupt die Wirklichkeit (ἐνέργεια, ἐντελέχεια) oder das Wirkliche schlechthin (ἐνεργείᾳ ὄν), das Aktuelle. Da andrerseits der Stoff als solcher noch nicht ist, was in der Folge aus ihm wird, aber doch die Fähigkeit dazu haben muß, es zu werden, so kann man ihn die Möglichkeit (δύναμις, potentia) oder das Mögliche (δυνάμει ὄν) nennen. Das gemeinsame Substrat aller bestimmten Stoffe ist die πρώτη ὕλη, die materia prima, die Materie ohne alle Form, die aber als das bloß Mögliche nie für sich existieren kann. Die Formen dagegen sind nicht etwa bloße Modifikationen oder gar Geschöpfe einer ersten Form, vielmehr ist jede Form als diese

Form ewig und unvergänglich, existiert jedoch nie außerhalb der Dinge.

3) Die Form ist bei organischen Gebilden zugleich auch der Zweck oder die lenkende Ursache. Der Stoff ist das Leidende, Bestimmtwerdende, die letzte Quelle der Unvollkommenheit, aber zugleich auch das individualisierende Prinzip. Der Unterschied der Form und des Stoffes zieht sich durch alles hindurch: Wo sich eins zum anderen als das Vollendete zum Wirkenden verhält, da wird jenes als die Form oder das Wirkliche, dieses als der Stoff oder das Potentielle bezeichnet. Thatsächlich erlangt der Stoff bei Aristoteles eine Bedeutung, die weit über den Begriff der bloßen Möglichkeit hinausgeht. Aus ihm stammt die Naturnotwendigkeit ($\dot{\alpha}\nu\alpha\gamma\varkappa\acute{\eta}$) und der Zufall ($\alpha\dot{\iota}\tau\acute{o}\mu\alpha\tau o\nu$ oder $\tau\acute{v}\chi\eta$), welche die Zweckthätigkeit der Natur und der Menschen beschränken. Auf der Beschaffenheit des Stoffes beruht auch die Unvollkommenheit in der Natur, aber auch die Individualität; ja sogar so tiefgreifende Unterschiede wie die des Himmlischen und Irdischen, des Männlichen und Weiblichen führt Aristoteles auf die Materie zurück.

Von dem Widerstande des Stoffes gegen die Form rührt es her, daß sich die Natur nur allmählich in einer zusammenhängenden, ununterbrochenen Stufenreihe von den niedrigeren Gebilden zu den höheren erheben kann. Eben diese Erscheinung führt Aristoteles auch darauf zurück, daß das Nämliche in der einen Beziehung Stoff und Potenz, in der anderen Form und Aktualität sei. So hebt sich der augenscheinliche Dualismus von Stoff und Form wenigstens der Tendenz nach auf in der Zurückführung auf eine Stufenleiter von Existenzen. Thatsächlich wird der Stoff bei A. zu einem selbständigen, mit eigener Macht ausgestatteten Prinzipe neben der Form. Die irdische Natur bildet nach dem Prinzipe der Zweckmäßigkeit durch immer vollständigere Unterwerfung der Materie unter die Form eine Stufenreihe lebendiger Wesen. Jede höhere Stufe vereinigt in sich die Eigenschaften der niederen. Alle naturgemäße Bewegung ist zweckmäßig, doch bleibt daneben ein gewisser Spielraum für das αὐτόματον, das Eintreten eines Erfolges, der nicht bezweckt wird, infolge irgend einer Nebenwirkung (z. B. das Finden eines Schatzes im Acker beim Pflügen). Die Natur erreicht nicht stets das, was sie bezweckt, weil der Stoff Hemmungen bereitet. Die Vollkommenheit stuft sich ab nach dem Maße der Entfernung von Gott, dem πρῶτον κινοῦν, welche ewig dieselbe ist. In allen organischen Gebilden, selbst in den niedrigsten, findet A. etwas Bewunderungswürdiges, Zweckvolles, Göttliches. Jede Unvollkommenheit ist Schuld der Materie. Die Natur an und für sich thut nichts zwecklos, sie strebt immer nach dem Besten, sie bewirkt nach Möglichkeit immer das Schönste, nichts in ihr ist überflüssig.

Der eigentliche Grund der Naturdinge liegt in den Endursachen, „die stofflichen Ursachen sind bloße Zwischenursachen, bloß die Mittel und die unerläßlichen Bedingungen der Erscheinungen, über ihnen stehen die Endursachen" [1]). Diese Mittelursachen leisten aber der Zweckthätigkeit großen Widerstand, beschränken ihren Erfolg und nötigen sie in der Natur zu einem stufenweisen Fortgang vom Unvollkommenen zum Vollkommenen.

Besonders wichtig für das Verständnis des thomistischen Systems ist auch die Lehre des A. von der Seele. Er definiert dieselbe mit folgenden Worten: ἔστιν οὖν ψυχὴ ἐντελέχεια ἡ πρώτη σώματος φυσικοῦ ζωὴν ἔχοντος δυνάμει· τοιοῦτον δὲ ὃ ἂν ᾖ ὀργανικόν.

1) Zeller, Bd. I, S. 422.

Nach A. besteht das Leben in der Fähigkeit, sich selbst zu bewegen. Jede Bewegung setzt aber zweierlei voraus: 1) eine Form, die bewegt, und 2) einen Stoff, der bewegt wird. Der Stoff ist der Leib, die Form ist die Seele des lebendigen Wesens. Die Seele ist daher weder ohne Körper, noch selbst etwas Körperliches; sie ist eben damit auch unbewegt, ihre Verbindung mit ihrem Leibe ist die gleiche wie die der Form mit dem Stoffe. Als die Form des Leibes ist sie ferner auch sein Zweck, der Leib ist nur ihr Werkzeug. Sie ist die Kraft, die ihn bewegt und seinen Bau bestimmt. Kann aber die Zweckthätigkeit der Form den Widerstand des Stoffes schon nur allmählich überwinden, so ist das Seelenleben auch von ungleicher Beschaffenheit entsprechend den mannigfachen ungleichen Hindernissen, welche die Seele von den mit ihr verbundenen, sehr verschiedenartigen Körpern erleidet. Am niedrigsten steht das Seelenleben der Pflanzen, ihnen kommt nach A. nur Ernährung und Fortpflanzung zu. Bei den Tieren kommt zu diesen rein vegetativen Seelenfunktionen als drittes Moment die Sinnesempfindung, bei vielen auch die Fähigkeit der Ortsveränderung. Beim Menschen verbindet sich mit diesen vegetativen und sensitiven Funktionen als das spezifisch Menschliche der Geist, der νοῦς, das Denken. Auch sein Körperbau und seine niederen Seelenthätigkeiten entsprechen der höheren Bestimmung, die sie durch die Verbindung mit dem νοῦς erhalten. Die genauere Durchbildung und schärfere Differenzierung der Gliedmaßen, die höchste Lebenswärme, die kunstgeübte Hand, der Besitz der Sprache legen hierfür Zeugnis ab.

In seiner Seelenlehre unterscheidet sich Thomas nur in einem Punkte wesentlich von A. Es betrifft dies die Unsterblichkeit und Unvergänglichkeit auch der niederen Seelenvermögen, die A. verneint. Thomas folgt darin seinem Lehrer Albertus Magnus, der die niederen psychischen Vermögen mit der vom Leibe gesonderten Substanz, dem *vôυς*, verknüpft und dieselben nur für die Dauer ihrer irdischen Wirksamkeit mit den leiblichen Organen verknüpft sein läßt. Eine und dieselbe Substanz ist ihm zugleich *anima vegetativa, sensitiva, motiva* und *intellectualis.*

Der Gottesbegriff des Thomas ist der platonische, wie er sich ausgestaltet hat im Neuplatonismus und Augustinismus. Plato nannte die höchste seiner Ideen, die Idee des Guten und die Ursache alles Seins, Gott. Das Gute fällt also bei ihm als der absolute Grund alles Seins mit der Gottheit zusammen. „Die Frage aber, wie das Gute, das ebenso wie alle Ideen ein Allgemeines und als höchste Idee das Allgemeinste, die oberste Gattung sein müßte, zugleich die Gottheit, also ein persönliches Wesen sein könne, hat Plato ohne Zweifel so wenig aufgeworfen, als er die Frage nach der Persönlichkeit Gottes überhaupt aufwarf" (cf. Zeller, Grundriß der Geschichte der griech. Philos., S. 125).

Den Gottesbegriff des Plato hat Plotin der christlichen Anschauung von einem transcendenten Gotte etwas näher gebracht. Er erhebt das Eine oder Gute, die Gottheit des Plato, über den Kreis der Ideen hinaus und läßt aus demselben alles Endliche emaniren. In seiner Abstraktion derselben von allem Endlichen geht er jedoch über alles Maß hinaus. Er rückt den letzten Grund alles Wirklichen und Erkennbaren über alles Sein und Erkennen hinaus, ja er geht so weit, daß er ihm nicht nur keine körperliche, sondern auch keine geistige Eigenschaft, weder Denken noch Wollen noch Thätigkeit beilegt. Will man nämlich denken oder wollen oder thätig sein, so muß man dessen auch bedürfen, worauf die Thätigkeit sich richtet; die Gottheit aber bedarf

5*

keines anderen. Ja, er behauptet sogar von ihr, daß sie auch ihrer selbst nicht bedürfe, daß sie sich auch nicht von sich selbst unterscheiden könne, und daß man ihr deshalb auch kein Selbstbewußtsein beilegen dürfe. Sie ist das, was über alles Sein und Denken hinausliegt, die Begriffe des Einen und Guten passen zu ihrer positiven Bestimmung noch am besten. Der Begriff der Persönlichkeit ist bei derartiger maßloser Abstraktion vernichtet, und doch soll jenes Absolute der Grund sein, worauf wir alles Sein und alle Wirkungen zurückzuführen haben.

Diesen plotinischen Gottesbegriff hat nun Augustin, der die Neuplatoniker hochschätzt, und der durch ihr Studium von dem Dualismus der Manichäer abgelenkt worden war, von seinen Auswüchsen möglichst gereinigt und dem christlichen Gottesbegriff näher gebracht.

Bei ihm ist Gott die höchste Wahrheit, es kann nichts Höheres als die Gottheit erdacht werden, weil sie alles Sein umfaßt. Sie ist identisch mit dem höchsten Gute (*summum bonum*), durch welches alles andere gut ist (*de trin.* VIII, 4: *quid plura et plura? bonum hoc et bonum illud? tolle hoc et illud et vide ipsum bonum, si potes, ita Deum videbis non alio bono bonum, sed bonum omnis boni*). Gott ist der ewige Grund aller Form, welche den Geschöpfen ihre zeitlichen Formen verliehen hat; er ist die absolute Einheit, nach der jedes Endliche strebt, ohne sie ganz zu erreichen, die höchste Schönheit, welche über alle Schönheit hinausgeht und jede bedingt (*omnis pulchritudinis forma unitas est*). Gott ist als höchste Wesenheit (*summa essentia*) unwandelbar. Ihm ist kein Wesen entgegengesetzt, nur das Nichtsein bildet zu ihm den Gegensatz und das aus dem Nichtsein herfließende Böse. Wir treffen bei ihm in besonders kräftiger Ausbildung und

scharfer Formulierung die privatistische Anschauung vom
Bösen, welche das Wesen des Bösen völlig verkennt.
Gott hat frei die Welt geschaffen, dieselbe legt für ihren
Ursprung von Gott Zeugnis ab durch ihre Ordnung und
Schönheit; er hat die Natur der Wesen stufenweise geordnet
*naturas essentiarum gradatim ordinavit: de civitate Dei
XII, 2)*. In der Ordnung des Universums durfte auch das
Geringere nicht fehlen. Auch die Materie hat in der Ordnung des Ganzen ihre Stelle, ihre Güte ist ihre „Gestaltbarkeit“. Alles Sein als solches ist gut: *in quantum est,
quidquid est, bonum est*. Das Böse ist keine Substanz oder
Natur, kein Wesen, sondern eine Schädigung der Natur
und des Guten (*defectus boni, amissio boni*), eine Verletzung
der Integrität, der Schönheit, der Tugend. Da das Böse
keine eigene Substanz ist, keine eigene Natur hat, so kann
es nur irgend einer Substanz anhaften, und zwar nur dem
Guten. Es giebt zwar ein unbedingt Gutes, doch nicht das
Gegenteil. Auch das Böse trübt nicht letzthin die Ordnung
und Schönheit des Universums, es vermag sich den Gesetzen
Gottes nicht ganz zu entziehen. Wie in einem Gemälde die
schwarze Farbe an rechter Stelle des Ganzen gefallen kann,
so ist auch die Gesamtheit der Dinge für den, der sie zu
überschauen vermöchte, auch mit Einschluß des Bösen schön,
obschon dieses, für sich betrachtet, durch seine Häßlichkeit
entstellt ist. Das Ganze der Welt besteht, wie ein schönes
Lied, aus Gegensätzen. Für die durchgängige Vollkommenheit der Welt beruft er sich auf die Gründe der Neuplatoniker, die sie von den Stoikern entlehnt hatten. Mit
ihnen nimmt er an, daß die Unvollkommenheit des Einzelnen
selbst der Vollkommenheit des Ganzen dienen müsse. An
der platonischen Ideenlehre hält er, und hierin folgt ihm
Thomas, in gewissem Sinne fest. Die Ideen existieren als

Musterformen der Dinge, schon vor Erschaffung derselben, im göttlichen Verstande. „Doch geht der Rest von Substantialität, der nach der plotinischen Umformung der platonischen Doktrin den Ideen noch geblieben, bei ihm verloren, da er nicht zu dem sokratischen Begriffe das Objekt, sondern zu dem persönlichen Gottesgeiste ein vermittelndes Glied für die Schöpfung suchte." cf. Ueberweg-Heinze, Bd. 2, 4. Aufl., S. 145.

Die Gesamtheit aller ins Dasein zu rufenden Wesen ist nach Thomas schon im Verstande Gottes harmonisch gegliedert. Um uns dies recht anschaulich zu machen, bedient er sich des Hinweises auf die Ideenwelt des Plato, welche schon, wie wir soeben betont haben, Augustin vor ihm ihrer Realität als Seinswesen beraubt und zu bloßen Begriffen des göttlichen Intellektes gemacht hatte. Nach dem Muster dieser Ideen hat nun Gott die Welt geschaffen aus nichts durch freiwillige Mitteilung seines Wesens. cf. Th. I q. 44 art. 3: *in divina sapientia sunt rationes omnium rerum, quas supra diximus ideas, id est formas exemplares in mente divina existentes.* cf. Th. I q. 45 art. 2. Dem harmonischen Verhältnisse der ideellen Urbilder entspricht auch eine das All beherrschende Harmonie. Alles Sein bildet bei ihm nach dem Vorbilde des Aristoteles eine ununterbrochene Stufenleiter vom Vollkommenen zum Unvollkommenen. Das Letzte, Unvollkommenste bildet die reine Materie, die jedoch, wie wir schon bei Aristoteles gesehen, für sich nie bestehen kann, da ihr infolge des Mangels jeglicher Form ein Sein im eigentlichen Sinne nicht zukommt. cf. Th. I q. 7 art. 2: *materia prima non existit in rerum natura per se ipsam, cum non sit ens in actu sed potentia tantum; unde magis est aliquid concreatum quam creatum.*

Bei einer solchen Beschaffenheit kann sie selbstverständ-

lich nicht imstande sein, die mannigfachen Seinsarten durch
eigene Kraft aus sich heraus zu entwickeln, und deshalb
läßt Th. schon bei der Schöpfung die einzelnen verschiedenen
Arten in ersten Exemplaren von Gott unmittelbar geschaffen
sein. cf. Th. I q. 45 art. 1: *Si consideremus emanationem
totius entis universalem a primo principio, impossibile est,
quod aliquod ens praesupponatur huic emanationi. Idem
autem est nihil, quod nullum est. Sicut igitur generatio
hominis est ex non ente, quod est non homo, ita creatio, quae
est emanatio totius esse, est ex non ente, quod est nihil.*

Alle diese verschiedenen, von Gott direkt geschaffenen
Dinge zerfallen in die beiden Gebiete der materiellen (körper-
lichen) und immateriellen (geistigen) Welt.

α) Die materielle Welt.

Das gemeinsame Merkmal dieser ganzen Gruppe besteht darin, daß die Form, das Wesen der Dinge, nicht mehr
selbständig für sich besteht. Sie geht mit ihrer Materie eine
Verbindung ein, die ihrem Wesen entspricht, und stellt auf
diese Weise auch die essentiellen Unterschiede von Gattungen
und Arten her, bei denen die Einheit in eine Vielheit besonderer Subsistenzen auseinandergeht. cf. Karl Werner,
D. h. Thomas v. Aquino, 1859, Bd. 2, S. 194 f. Alle diese
materiellen Seinssphären stehen in völliger Harmonie zu
einander, jede höhere Gattung ruht auf der niederen und
schließt alle Vollkommenheiten der letzteren in sich. Das
notwendigste Substrat der ganzen Körperwelt sind die Elemente, die *simplicia corpora.* Man könnte versucht sein, sie
mit der *materia prima* zu identifizieren, sie sind aber
dadurch gegen diese abgegrenzt, daß sie schon gewisse verschiedene Formen in sich aufgenommen haben, durch die
sie sich auch von einander unterscheiden. Luft und Feuer

sind die beiden edleren, Erde und Wasser die geringeren. cf. S. Th. q. 74 art. 1: *Praeterea, aer et ignis sunt nobiliora elementa quam terra et aqua.* Durch ihre mannigfachen Zusammensetzungen entstehen die anorganischen und organischen Gebilde. cf. Cg. II c. 90: *Elementa ipsa sunt propinquiora materiae primae quam corpora mixta, cum et ipsa sint mixtorum corporum materia proxima.*

Das formgebende und belebende Prinzip der belebten Natur ist die *anima*. S. Th. q. 75 art. 1: *anima est primum principium vitae in his, quae apud nos vivunt.* cf. q. 76 art. 4: *Ad primum ergo dicendum, quod Aristoteles non dicit animam esse actum corporis tantum, sed actum corporis physici organici potentia vitam habentis et quod talis potentia non abjicit animam.*

Nach ihrer verschiedenen Beschaffenheit erhalten wir drei verschiedene Sphären der Pflanzen, Tiere und Menschen. cf. S. Th. q. 78 art. 2: *Tres sunt animae vegetativae partes, nutritiva, augmentativa et generativa.* cf. S. Th. q. 79 art. 1.

Im Gebiete der anorganischen und organischen Natur herrscht mannigfache Verschiedenheit, die jedoch nicht ein wüstes Chaos, sondern eine harmonische Stufenleiter vom Unvollkommenen zum Vollkommenen bildet. Die letzte Sprosse dieser unermeßlichen Leiter bildet der Mensch, die Krone der sublunarischen Schöpfung. Durch seinen vergänglichen Körper ist er aufs engste mit der Tierwelt verwandt, durch seinen unvergänglichen Geist ragt er über sie hinaus, schon hinein in das Gebiet der körperlosen Geister, der immateriellen Welt. So bildet er das Bindeglied zwischen diesen beiden Welten, die Brücke, die vom Reiche der Materie in das Reich des Geistes führt. cf. Cg. II c. 68. Thomas nennt ihn auch ein kleines Spiegelbild des großen Universums, da er im Kleinen zeigt, wie im Großen die Gegensätze der

Materie und des Geistes in harmonischer Weise vereint werden können.

S. Th. II, 1, q. 2 art. 8: *Tota universitas creaturarum,
quae dicitur maior mundus, comparatur ad hominem, qui in
VIII. Phys. (Aristotelis) dicitur minor mundus, sicut perfectum ad imperfectum.* qu. 17 art. 8: *Praeterea homo dicitur
minor mundus, quia sic anima est in corpore sicut Deus in
mundo.*

Der Leib des Menschen ist durch eine Vereinigung
sämtlicher vier Elemente gebildet; die edleren jedoch, Feuer
und Luft, überwiegen die niederen. Alle Anlagen, mit welchen die übrigen Geschöpfe ausgestattet sind, verbinden sich
beim Menschen zur schönsten Harmonie. Wenn auch bei
den einzelnen niederen Geschöpfen manche dieser Anlagen
besser entwickelt sein mögen, wie z. B. der Geruchsinn bei
den meisten Raubtieren, so besteht doch der Vorzug des
Menschen gerade darin, daß er sie alle in gleicher Weise
besitzt, und daß sie alle mit einander in schönster Harmonie
stehen. cf. S. Th. q. 91 art. 3: *Cum enim homo est nobi-
lissimum animalium, corpus hominis debuit esse dispositum
optime ad ea quae sunt propria animalis, sc. ad sensum et
motum. Sed quaedam animalia inveniuntur acutioris sensus
quam homo, et velocioris motus, sicut canes melius odorant, et
aves velocius moventur; conclusio: recte dicitur corpus huma-
num formatum fuisse ab artifice Deo in optima dispositione;
non simpliciter, sed secundum quod congruit animae rationali
et ejus operibus.*

Auch in seinem Innenleben vereinigt der Mensch in sich
alle Seelenkräfte der anderen Geschöpfe, das *genus vege-
tativum, sensitivum, appetitivum* und *motivum,* zu diesen
gesellt sich noch, als ihm infolge seiner Verwandtschaft mit
der Geisterwelt besonders eigen, der *νοῦς,* der Intellekt.

Alle diese Seelenvermögen stehen mit einander in schönster Harmonie, die Herrschaft und Leitung liegt in den Händen der *anima intellectiva.*

Als vollkommenstes Gebilde der irdischen Schöpfung stellt der Mensch innerhalb der Erscheinungswelt die göttliche Ebenbildlichkeit am besten dar. Jedoch läßt Th. an diesem Vorzuge das Weib nach dem Vorgange der Bibel und des Aristoteles in geringerem Grade teilnehmen als den Mann, ja er hat leider sich nicht gescheut, daraus für seine Ethik die Folgerung zu ziehen, daß der Vater als das aktive Zeugungsprinzip mehr zu lieben sei als die Mutter. cf. S. Th. q. 93 art. 4: *Quantum ad aliquid secundarium imago Dei invenitur in viro, secundum quod non invenitur in muliere. Nam vir est principium mulieris et finis, sicut Deus est principium et finis totius creaturae.* cf. Th. II 2 q. 26 art. 10: *Pater magis est per se diligendus quam mater, cum sit activum generationis principium, mater vero passivum.*

β) Die immaterielle Welt.

Mit dem Menschen haben wir teilweise das Reich der irdischen Schöpfung schon überschritten, denn als Träger des νοῖς hat der Mensch auch Anteil an der unsichtbaren Welt der *creaturae immateriales.* Dieselben mußten geschaffen werden, damit das Universum völlig in sich abgeschlossen wäre und die höchste approximative Aehnlichkeit mit Gott habe.

cf. S. Th. I. q. 50 art. 1: *Necesse est ponere aliquas creaturas incorporeas. Id enim quod praecipue in rebus creatis Deus intendit, est bonum, quod consistit in assimilatione ad Deum. Perfecta autem assimilatio effectus ad causam attenditur, quando effectus imitatur causam secundum illud, per quod causa producit effectum, sicut calidum*

facit calidum. Deus autem creaturam producit per intel-
lectum et voluntatem. Unde ad perfectionen universi requi-
ritur, quod sint aliquae creaturae intellectuales.

Waren die Formen im Bereiche der irdischen Schöpfung
stets an die Materie gebunden, so fällt diese Schranke im
Gebiet der immateriellen Welt weg und damit auch die auf
der Materie beruhenden Gattungen und Arten. Jedes geistige
Wesen bildet für sich eine Art, alle zusammen eine Gattung.
cf. S. Th. I q. 50 art. 4: *concl. cum omnes spirituales sub-*
stantiae ex materia et forma non sint, eiusdem non sunt
speciei. cf. Cg. II c. 93: *Substantiae separatae non habent*
omnino materiam, neque quae sit pars earum, neque cui
uniantur ut formae. Impossibile est igitur, quod sint plures
unius speciei. Zu der immateriellen Welt rechnet Thomas
die Engel, von denen er drei große Hierarchien mit verschiedenen Unterarten kennt, die Sphärengeister und den
menschlichen νοῦς. cf. S. Th. I q. 188 art. 4.

b) Ausführender Teil.

Für die Frage nach dem Wert der Wirklichkeit, das
Problem des Guten und Bösen ist Ausgangspunkt des thomistischen Denkens der plotinisch-augustinische Satz: Alles
ist gut, was vollkommen ist. Der Träger und Quell jeglicher
Vollkommenheit und damit auch der Güte ist Gott, er teilt
von dem Ueberflusse seiner Vollkommenheit allen Wesen mit,
er ist ihr Prinzip, cf. S. Th. q. 5 art. 4: *perfectum dicitur,*
cui nihil deest secundum modum suae perfectionis. Cg. I, 5:
quodque bonum est quod perfectum. Deus est perfectus, ergo
bonus. Das Wesen des Guten und Vollkommenen liegt aber
im aktuellen Sein und Handeln, etwas Unvollkommenes kann
nur eintreten beim und im Mangel des Aktuellen. Das *ens*

actu καὶ ἐξοχήν ist Gott, er allein ist demnach wahrhaft gut; S. Th. q. 6 art. 4: *est aliquid primum per suam
essentiam bonum quod dicimus Deum.*

Große Mühe giebt sich Thomas, die Güte als etwas der
Gottheit Wesentliches, nicht aber seiner Substanz Hinzuge-
fügtes darzustellen. Cg. I, 38: *bonitas Dei non est aliquid
additum suae substantiae, sed sua substantia est sua bonitas,
quia omnino simplex est, non est bonus participative, sed
essentialiter, quia non potentia est, sed actus.*

Das Böse hat demnach in seinem Wesen keine Stätte,
er ist *omnis boni bonum,* seine Güte schließt *omnes bonitates*
in sich. In der notwendigen Liebe Gottes zu sich selbst, zu
seiner Vollkommenheit sieht Thomas den Grund dafür, daß
er auf Grund einer völlig freien Wahl schon von Ewigkeit
her beschlossen habe, für die Förderung der Vollkommenheit
auch außerhalb seiner Person auf alle Weise zu sorgen.
Dies ist aber für Gott, dessen Wesen keines Zuwachses und
keiner Mehrung fähig ist, nur durch eine vielfältige Nach-
bildung und Nachahmung seiner unerreichbaren Trefflichkeit
in den Kreaturen möglich. In der Liebe Gottes zu sich
selbst ist auch schon das Wollen der Kreaturen enthalten,
weil diese urbildlich in seinem Wesen enthalten sind. Dies
Wollen und ins Dasein Rufen der Kreatur geht nun nicht
etwa vor sich auf Grund eines Zwanges, den seine Natur
auf ihn ausübt, sondern auf Grund eigener freier Wahl.
cf. S. Th. q. 19 art. II: *unde videmus quod omne agens,
inquantum est actu et perfectum, facit sibi simile. Unde et
hoc pertinet ad rationem voluntatis ut bonum quod quis
habet, aliis communicet, secundum quod possibile est. Et
hoc praecipue pertinet ad voluntatem divinam, a qua ad
quandam similitudinem redundat omnis perfectio. Unde
si res naturales, in quantum perfectae sunt, suum bonum aliis
communicant, multo magis pertinet ad voluntatem divinam*

ut bonum suum aliis per similitudinem communicet secundum quod possibile est. Sic igitur vult et se et alia, sed se ut finem, alia vero ut ad finem, in quantum condecet divinam bonitatem, etiam alia ipsis participare. Unde cum Deus alia a se non velit nisi propter finem, qui est sua bonitas, ut dictum est, non sequitur quod aliquid aliud moveat voluntatem eius nisi bonitas sua; et sic, sicut alia a se intelligit intelligendo essentiam suam, ita alia a se vult volendo bonitatem suam. Ita velle divinum est unum et simplex, quia multa non vult nisi per unum, quod est bonitas sua. q. 19 art. III: *Alia autem a se vult Deus, in quantum ordinantur ad suam bonitatem ut in finem.* q. 19 art. IV: *Respondeo dicendum, quod necesse est dicere voluntatem Dei esse causam rerum, non per necessitatem naturae, ut quidam existimaverunt.* cf. q. 5 art. 4: *Omnia sunt bona bonitate divina, unumquodque est bonum ipso bono, quod est Deus.* Cg. II, 39: *Ipsa universitas creaturarum Deum habet auctorem, qui est agens per voluntatem et intellectum, nec in virtute sua defectus aliquis esse potest, ut sic deficiat a sua intentione, cum sua virtus infinita sit. Oportet igitur quod forma universi sit a Deo intenta et volita.* c. 23: *multa subsunt divinae potentiae quae in rerum natura non inveniuntur, quicunque autem eorum quae potest facere quaedam facit et quaedam non facit agit per electionem voluntatis et non per necessitatem naturae.* c. 45: *In Deo est bonitas et diffusio bonitatis in alia.* cf. S. Th. S. 415 art. II, S. 146 art. III, S. 147, S. 148.

Hat Thomas sich soeben gegen den Satz verwahrt, daß Gott durch irgend etwas genötigt sein könnte, gerade so zu handeln, als er handelt, so hält dies ihn doch nicht ab, einige zwingende Prinzipien für sein Handeln aufzustellen. So behauptet er zunächst, Gott könne nur das ins Dasein rufen, was nicht im Widerspruch stehe mit der Eigentüm-

lichkeit eines geschaffenen Wesens. Er läßt also seine
Schöpfermacht und Thätigkeit eine Schranke finden an der
Natur der Dinge; wir könnten diese Schranke eine metaphysische nennen. Sodann läßt er seinen Willen geregelt
und beraten sein von seiner Vernunft, Einsicht und Güte
und stellt schließlich den Grundsatz auf, daß er alles thun
müsse, was er zu thun sich entschlossen, daß es unmöglich
sei, daß er etwas thäte, was er nicht zuvor gewollt, was
seine Allweisheit nicht in sich begreife oder was seine Güte
nicht zum Endziele habe, ja er versteigt sich schließlich zu
dem Satze, Gott vermag nichts zu thun, was nicht von Ewigkeit her *sub ordine providentiae suae* gewesen, denn er dürfe
doch in seinen Plänen nicht wankelmütig werden. Diese
Schranke läßt sich die moralische nennen. Cg. II c. 22: *omne
quod enti creato non repugnat sicut in potentia naturae
humanae sunt omnia quae naturam humanam non tollunt;
non potest facere ut idem sit et non sit.* I, 25: *Si divinam
dispositionem consideremus, quomodo Deus disposuit suo intellectu et voluntate res in esse producere, sic rerum productio ex necessitate divinae dispositionis procedit. Non
enim potest esse quod Deus aliquid se facturum disposuerit
quod postmodum ipse non faciat, alias eius dispositio vel
esset mutabilis vel infirma. Praeter ordinem illum Deus
facere non potest, ordo enim ille ex scientia et voluntate Dei omnia ordinante in suam bonitatem sicut in finem.*
III, 98: *Si autem consideremus praedictum ordinem quantum
ad rationem a principio dependentem, sic praeter ordinem
illum facere non potest. . . . Non potest Deus facere aliqua
quae sub ordine providentiae eius ab aeterno non fuerunt
eo quod mutabilis esse non potest.*

Es sind dies alles Annahmen, die er mit Leibniz gemein
hat. Wie jeder Willensakt nach Thomas nur einen bestimmten
Endzweck im Auge haben kann, nämlich den, etwas Aktuelles

zu erreichen, was seinem Wesen nach nur den Charakter des
Guten und Vollkommenen an sich tragen kann, so kann ein
Willensakt Gottes stets nur die Verwirklichung seiner Güte
bezwecken. Doch wie steht's damit, wenn wir seine Werke
daraufhin prüfen? Folgerichtig müßten sie alle von jeder
Unvollkommenheit befreit sein. Ist aber wirklich alles nur
gut und vollkommen, fände sich keine Unvollkommenheit,
kein Mangel im Bereiche der vernunftlosen Schöpfung, keine
Bosheit und Schlechtigkeit bei den Vernunftbegabten? Auf
diese Frage kann Thomas ebensowenig wie wir mit einem
Nein antworten, er mußte diese Thatsachen ebenfalls voll
und ganz anerkennen und hat auch Erklärungsversuche gemacht. Da jede böse Absicht, jeder *dolus,* schon von vornherein dem Wesen Gottes widerstreitet, dessen Wesen ja in
seiner Güte beruht, so haben wir kein Recht, irgend etwas
Böses unter dem von ihm Geschaffenen ihm selbst zuzuschreiben. S. Th. q. 14 art. 8: *Scientia Dei est causa
rerum. Sic enim scientia Dei se habet ad omnes res creatas,
sicut artificis se habet ad artificiata* etc. *Malum est privatio
boni, ut dicit Augustinus. Scientia Dei non est causa mali.
Cum hoc sit causa mali quod est privatio boni, per hoc ipsum
quod Deus cognoscit bona, cognoscit mala, sicut per lucem
cognoscuntur tenebrae.* q. 25 art. 6: *Sed invidia est omnino
relegata a Deo. Ergo Deus unumquodque fecit optimum;
non ergo Deus potest aliquid facere melius quam fecit.
Bona sunt singula quae Deus fecit, sed simul universa, valde
bona, quia ex omnibus consistit universitatis admirabilis pulchritudo. Ergo bonum universi non potest melius fieri
a Deo.*

a) On tologisch - metaphysische Beweisführung.

Was liegt da wohl näher, als das Böse für etwas mit
dem Wesen der Kreatur Unzertrennliches zu erklären, es

im Wesen und Charakter derselben naturgemäß begründet zu sehen und als harmlos und unschädlich darzustellen. Dies hat in blendender Weise die privatistische Anschauung seit Aristoteles am besten zu leisten gewußt, und Thomas hat sich auch nicht lange besonnen, zu ihr zunächst seine Zuflucht zu nehmen. Sehen wir im Folgenden, wie er sie für sein System verwertet. Von vornherein steht ihm fest, daß die Kreaturen die Gutheit nicht in derselben Weise wie Gott erreichen können, sondern nur *secundum suum modum* und auch nicht alle in demselben Grade. S. Th. q. 6 art. 4: *A primo igitur per suam essentiam ente et bono unumquod-que potest dici bonum et ens, inquantum participat ipsum per modum cuiusdam assimilationis, licet r e m o t e et d e - f i c i e n t e r.* Ebenso fest ist er davon überzeugt, daß zur Ordnung der Welt auch kontingente, sekundäre Ursachen gehören, deren Wirkungen notwendig zufällige sind. Er setzt nämlich die Vollkommenheit der Ausführung des göttlichen Schöpfungsplanes darin, daß das Geringere nicht direkt von der letzten Ursache ausgeführt wird, sondern durch untergeordnete, sekundäre Ursachen, die ξυναίτια des Plato und Aristoteles (die mechanischen Mittelursachen, welche die Zweckursachen unterstützen). Mit dem Wirken derselben ist der Zufall (αὐτόματον) und mannigfache Unvollkommenheit verknüpft. cf. S. Th. q. 19 art. 8, q. 22 art. 2, q. 22 art. III. Mit der Zufälligkeit des Seins oder Wirkens ist notwendig auch eine entsprechende Mangelhaftigkeit des Seins und Wirkens verbunden, die als solche ein Uebel ist, und darum von Gott wegen seiner Richtung auf das Gute nicht beabsichtigt sein kann.

Jeder privatistischen Anschauung steht es von vornherein fest, daß das Böse nicht das Wesen, die Essenz irgend einer Sache ausmachen könne, daß es nicht selbst irgend etwas

Wesenhaftes, Natürliches sein kann. Etwas Wesenhaftes, Essentielles kann ja nur den Charakter des Guten, Vollkommenen an sich tragen. S. Th. q. 5 art. 1: *intantum autem unumquodque est perfectum, inquantum est actu. Unde manifestum est quod intantum aliquid est bonum, inquantum est ens, esse enim est actualitas omnis rei. Unde manifestum est quod bonum et ens sunt idem secundum rem. quod autem non habet ultimam perfectionem, quam debet habere, quamvis habeat aliquam perfectionem inquantum est actu, non tamen dicitur perfectum simpliciter, nec bonum simpliciter, sed secundum quid, bonum secundum quid, id est inquantum est ens.* q. 5 art. 3: *Omne ens, inquantum est ens, est bonum. omne enim ens, inquantum est ens, est in actu et quodam modo perfectum; quia omnis actus perfectio quaedam est.* art. 3: *Ad secundum dicendum, quod nullum ens dicitur malum inquantum est ens, sed inquantum caret quodam esse, sicut homo dicitur malus, inquantum caret esse virtutis, et oculus dicitur, malus, inquantum caret acumine visus.* Doch was soll dann das Böse sein, wenn es nichts thatsächlich Existierendes sein soll? Die Antwort auf diese Frage lautet, die Privation des Guten, der Vollkommenheit, der Mangel an dem, was jemand seiner Natur nach haben müßte. Der Substanz, an der es haftet, fehlt etwas, was sie ihrer natürlichen Beschaffenheit gemäß besitzen müßte, so ist z. B. das Fehlen der Arme beim Menschen ein Uebel. Cg. III, 5: *Omnis privatio si proprie et stricte accipiatur est eius quod quis natus est habere.* I, 40: *Malum non est aliqua natura, malum privatio est boni, magis malum dicitur quod est magis privatum a bono per augmentum causae privantis. malum nihil aliud est quam privatio debitae perfectionis.* I, 39: *sic malum de nullo dici potest, ut sit essentia alicuius, ei enim esse deficeret, quod bonum est, ratio mali consistit in imper-*

*fectione, imperfectum est secundum quod est defectus ab actu,
ergo malum vel privatio est vel privationem includit vel nihil
est.* cf. S. Th. q. 48 art. 1: *Bonum est omne id quod est
appetibile: et sic cum omnis natura appetat suum esse et
suam perfectionem, necesse est dicere, quod esse et perfectio
cuiuscumque naturae rationem habeat bonitatis. Unde non
potest esse quod malum significat quoddam esse aut quamdam
formam seu naturam. Relinquitur quod nomine mali signi-
ficetur quaedam absentia boni: Et pro tanto dicitur quod
malum neque est existens nec bonum. malum est quoddam
bonum adjunctum privationi alterius boni.*

Da nun der Mangel, der Defekt, für den das Uebel aus-
gegeben wird, nichts wirklich Bestehendes, sondern die Ne-
gierung von etwas Substantiellem ist, so ist auch das Böse
nichts, was für sich existiert, sondern nur etwas Accidentelles.
Der geringere oder größere Grad des Bösen richtet sich
nach dem Grade der Privation, die das Gute erleidet. Selbstverständlich ist dann auch das Böse an und für sich machtlos
und kann nur auf Umwegen wirken durch die Kraft des
Guten. Cg. III, 10: *Quidquid est proprie et per se alicuius
causa tendit in proprium effectum, si igitur malum esset per
se alicuius causa tenderet in proprium effectum sc. malum.
Hoc autem est falsum: omne agens intendit bonum. Malum
igitur per se non est causa alicuius sed solum causa per
accidens, omnis autem causa per accidens reducitur ad causam per se. Solum autem bonum potest esse causa per se.
Malum igitur causatum est a bono secundum quod habet de
virtute activa.* S. Th. q. 19 art. 9: *Respondeo dicendum,
quod cum ratio boni sit ratio appetibilis, ut supra dictum
est, malum autem opponatur bono, impossibile est quod aliquid malum, inquantum huiusmodi, appetatur, neque appetitu
naturali, neque animali, neque intellectuali, qui est voluntas.*

Sed aliquid malum appetitur per accidens, inquantum con-
sequitur ad aliquid bonum: et hoc apparet in quolibet ap-
petitu. Non enim agens naturale intendit privationem vel
corruptionem, sed formam, cui conjungitur privatio alterius
formae, et generationem unius, quae est corruptio alterius.
Wie wir eben sahen, hat das Böse selbst kein eigenes
Substrat, sondern haftet an dem Guten wie an seinem Sub-
strate; da es jedoch *praeter naturam* an dem Guten sich
befindet, so muß es einer Ursache entstammen. Diese Ursache kann nicht etwa ein aktives Prinzip des Bösen sein,
ein Urquell des Bösen, zu dem man oftmals seine Zuflucht
genommen hat, denn das Böse besteht ja nur in einer Privation,
und eine solche vermag nichts zu wirken, *malum incidit ex*
defectu alicuius causae et non habet causam per se.

Dies *summum malum* müßte ohne jeden Zusammenhang
mit dem höchsten Gute stehen, wie ja auch dasjenige das
höchste Gut ist, was von jedwedem Bösen völlig frei ist.
Doch nun kann ja überhaupt nichts Böses gänzlich vom
Guten getrennt sein, da das Böse im Guten selbst gegründet
ist, und dann müßte es auch seiner Essenz nach böse sein,
und es hat ja gar keine eigene Seinsweise. Ein *summum*
malum kann also nicht die Ursache des Bösen sein, doch
was soll es dann in aller Welt sein? Thomas behauptet,
das Gute sei die eigentliche Ursache desselben. Er geht
von dem Satze aus, daß das, was überhaupt nicht existiert,
auch nicht die Ursache einer Wirkung sein könne, nun
existiert das Böse als etwas Thatsächliches nicht, kann also
auch nicht die Ursache von etwas Thatsächlichem sein.
Dazu kommt noch, daß das, was *proprie et per se* die Ursache von etwas ist, nach einer ihm entsprechenden Wirkung
strebt. Wenn nun das Böse an und für sich von irgend
etwas die Ursache wäre, so müßte es die ihm entsprechende

Wirkung, das Böse, erreichen. Doch diese Annahme ist, wie wir schon des öfteren sahen, falsch, da ein jedes *agens* nur etwas Gutes erreichen kann. Das Böse ist nun an und für sich nicht die Ursache von irgend etwas, sondern allein eine *causa per accidens*, und eine jede *causa per accidens* muß sich zurückführen lassen auf eine *causa per se*. Eine derartige Ursache kann aber nur das Gute sein. Das Böse wird demnach vom Guten verursacht, allerdings nur *per accidens*. Veranschaulichen wir uns nun, wie das Böse *per accidens* entstehen kann. Im Bereiche der Natur haben wir dies Accidentelle sowohl auf Kosten des Wirkenden wie auf Kosten der Materie, auf die eingewirkt wird, zu setzen. Zunächst auf Kosten des Wirkenden, wenn er einen Mangel an Tüchtigkeit erleidet, wovon dann die natürliche Folge ist, daß die Handlung mangelhaft ist und ebenso der Erfolg. Cg. III, 12: *praeter intentionem agentis respondens defectui virtutis.* Der Handelnde sucht etwas zu erreichen *non secundum quod deficit ei virtus,* sondern *secundum quod habet aliquid de virtute.* So tritt denn das Schlechte und Mangelhafte *per accidens* ein und zwar, weil dem Handelnden die nötige Tüchtigkeit, welche erforderlich war, fehlte. Deshalb sagt Th. auch im Anschluß an Augustin: *malum non habet causam efficientem, sed deficientem.* Das Böse folgt hier zwar wider die Absicht des *agens*, doch nicht zufällig, sondern naturnotwendig. Auf Kosten der Materie hat man das Böse zu setzen, wenn die Materie unfähig ist, den Eindruck des Handelnden rein aufzunehmen, im Effekt muß dann selbstverständlich ein Defekt folgen. Doch in diesem Falle darf man es nicht etwa der mangelnden Tüchtigkeit des Wirkenden zuschreiben, *si materiam indispositam non transmutat ad actum perfectum,* sondern nur dann, wenn er das Maß der ihm von der Natur verliehenen Tüchtigkeit nicht

völlig ausnützt. Im Bereiche des moralischen Uebels hat
man das Accidentelle nur auf Kosten des Handelnden zu
setzen. Es ist immer etwas Gewolltes, wenn auch nicht an
und für sich, so doch accidentell; ist das Gute nämlich,
welches erstrebt wird, mit der Privation des Guten, d. h.
dem Bösen verknüpft, so folgt accidentell das moralische
Böse immer oder doch häufig.

Cg. III, 14: *Ex materiae indispositione causatur in effectu
defectus. Si enim materia sit indisposita ad recipiendam
impressionem agentis, necesse est defectum sequi in effectu.
Nec hoc imputatur ad aliquem defectum agentis, si materiam
indispositam non transmutat ad actum perfectum: unicuique
enim agenti naturali est virtus determinata secundum modum
suae naturae, quam si non excedat non propter hoc erit
deficiens in virtute, sed tunc solum quando deficit a mensura
virtutis sibi debitae per naturam.*

So läge denn die Ursache völlig unabhängig von der
göttlichen Einwirkung in der Privation. Daß mit dieser Auskunft im Grunde recht wenig gesagt und erklärt ist, liegt
auf der Hand, und Thomas hat sich, so gerne er auch gerade
diesen Erklärungsversuch betont, doch noch nach anderen
umgesehen.

β) Aesthetische Anschauung.

Schon eher kann man der ästhetischen Wendung des
Grundgedankens Geschmack abgewinnen, die uns, wenn
auch mehr ausgebaut, bei Leibniz wieder begegnet. Gerade die der Antike eigentümliche Art, das Weltbild vom
ästhetischen Gesichtspunkt aus zu betrachten, ist von
Thomas mit besonderer Vorliebe aufgegriffen und weiter
ausgeführt worden. Bei den Griechen ist die wissenschaftliche Darstellung zugleich eine ästhetische. Sie trennen das

Schöne, womit es die Kunst zu thun hat, nicht scharf von dem Wahren und Guten, was die Philosophie erstrebt. *καλός* und *ἀγαθός* werden bei ihnen und auch bei Thomas oftmals synonym gebraucht. Auch Th. faßt das Schöne seinem Wesen nach als identisch auf mit dem Guten, von dem es sich nur durch seine begriffliche Fassung (*ratione*) unterscheidet.

„Beide, das Gute und Schöne, sind daher ein und dasselbe Endziel aller Dinge, nur mit dem Unterschiede, daß das Gute das Objekt der *vis appetitiva*, das Schöne das der *vis cognoscitiva* bildet, denn schön ist, was durch seinen Anblick gefällt. Bedingt wird dies Wohlgefallen aber durch die Verhältnismäßigkeit." (cf. Molsdorf, Die Idee des Schönen bei Th. v. A. S. 10.) Eingehender ist die Erklärung von S. Th. I, q. 39 art. 8. Hier stellt Th. für den Begriff der Schönheit drei Merkmale auf: 1) *integritas sive perfectio*: 2) *debita proportio sive consonantia* und 3) in Anschluß an die ursprüngliche Bedeutung des *καλόν* (bunt, glänzend) eine gewisse *claritas sive color nitidus*. Nach beiden Erklärungen (S. Th. II, 1 q. 27 art. 1) und Th. I q. 39 art. 8 ist das wesentliche Moment des Schönen das wohlgeordnete Verhältnis der einzelnen Teile zum Ganzen, die *debita proportio sive consonantia*.

„Dementsprechend wird auch bei einer von solchen ästhetischen Prinzipien geleiteten Weltbetrachtung, wie die des Thomas ist, der Begriff der Schönheit in dem der harmonischen Ordnung, des *ordo* aufgehen." Ordnung kann aber nur da herrschen, wo es Vielheit und Mannigfaltigkeit giebt. Wir haben soeben einen Erklärungsversuch des Th. für diese Mannigfaltigkeit kennen gelernt. Er sucht ihn in der Materie, dem *principium individuationis*. Die Mannigfaltigkeit ist danach bedingt durch die Unvollkommenheit der Materie, denn was in Gott *simpliciter et unite* besteht, kann in den Geschöpfen nur *composite et multipliciter* zum Ausdruck kommen, cf. Cg. II c. 45.

Einen zweiten Erklärungsversuch finden wir in folgender, spezifisch ästhetischer Gedankenrichtung. Eine vollkommene Welt ohne Harmonie, ohne das *bonum ordinis,* kann er sich nicht denken. Die Harmonie verlangt eben die *diversitas* und *inaequalitas* der Dinge, und da zur Gestaltung der Verschiedenheit und Ungleichheit der Dinge die Materie von großer Bedeutung ist, die Materie aber das Prinzip der Unvollkommenheit bildet, so ist die Unvollkommenheit und mit ihr das Uebel unbedingt notwendig für seine ästhetische Weltanschauung. cf. S. Th. II, 1 (*Prima Secundae*) q. 27 art. 1: *Pulchrum est idem bono sola ratione differens. Cum enim bonum sit, quod omnia appetunt, de ratione b o n i est, quod in eo quietetur a p p e t i t u s. Sed ad rationem pulchri pertinet, quod in eius aspectu seu cognitione quietetur apprehensio; unde et illi sensus praecipue respiciunt pulchrum, qui maxime c o g n o s c i t i v i sunt, scilicet visus et auditus rationi deservientes; dicimus enim pulchra visibilia et pulchros sonos. In sensibilibus autem aliorum sensuum non utimur nomine pulchritudinis, non enim dicimus pulchros sapores et odores. Et sic patet, quod pulchrum addit supra bonum quemdam ordinem ad vim cognoscitivam; ita quod bonum dicatur id, quod simpliciter complacet appetitui; pulchrum autem dicatur id, cuius ipsa apprehensio placet.*

S. Th. I, q. 5 art. 4: *Pulchrum respicit vim cognoscitivam, pulchra enim dicuntur, quae visa placent; unde pulchrum in debita proportione consistit.*

cf. S. Th. I q. 39 art. 8: *Nam ad pulchritudinem tria requiruntur. Primo quidem integritas sive perfectio; quae enim deminuta sunt, hoc ipso turpia sunt; et debita*

*proportio, sive consonantia et iterum claritas; unde quae
habent colorem nitidum, pulchra esse dicuntur.*

Cg. II, c. 45: *Perfectam Dei similitudinem non possunt
consequi res creatae secundum unam solam speciem creaturae:
quia cum causa excedat effectum, quod est in causa simpliciter et unite, in effectu invenitur composite et multipliciter.*
S. Tb. I q. 47 art. 1: *Unde dicendum est quod distinctio
rerum est ex intentione primi agentis, quod est Deus. Produxit enim res in esse propter suam bonitatem communicandam creaturis, et per eas repraesentandam; et quia per
unam creaturam sufficienter repraesentari non potest, produxit multas creaturas et diversas; ut quod deest uni ad
repraesentandam divinam bonitatem, suppleatur ex alia.
Nam bonitas quae in Deo est simpliciter et uniformiter, in creaturis est multipliciter et divisim; unde perfectius participat divinam bonitatem et repraesentat eam
totum universum, quae alia quaecunque creatura.* cf. eodem
loco: *Cum igitur Deum multa intelligere non repugnet unitati
et simplicitati ipsius, ut supra ostensum est, relinquitur quod,
licet sit unus, possit multa facere.*

Cg. II c. 45: *Non debuit bonum ordinis operi Dei
deesse. Hoc autem bonum esse non posset, si diversitas et
inaequalitas creaturarum non fuisset.*

Wie wir schon früher hörten, lenkt Gott alles nach dem
Winke seines durch den Intellekt geregelten Willens, nicht
etwa auf Grund eines in seiner Natur begründeten Zwanges.

Cg. III, 64: *per intellectum et voluntatem, non per necessitatem suae naturae. Divina bonitas est primum motivum
ad creandum. Bonum ordinis rerum creatarum a Deo est
id, quod est praecipue volitum et intentum a Deo.*

Nun hat sein Wille kein anderes Endziel, als seine Güte
allen Dingen mitzuteilen. Ist nun aber für die Schöpfung

das höchste Gut das *bonum ordinis totius universi,* so darf man unter *gubernare* nichts anderes verstehen als *imponere rei ordinem.* Cg. III, 64: *optimum in omnibus entibus creatis est ordo universi, in quo bonum universi consistit, sicut et in rebus humanis bonum gentis est divinius quam bonum unius. semper enim totum melius est partibus et finis ipsarum.* Diese Ordnung ist ein getreues Abbild derjenigen, die Gott vorher in seinem Geiste festgestellt hat, wie auch der Künstler zunächst die Idee eines Kunstwerkes in seinem Geiste ausprägt, ehe er sie der Materie aufzuprägen sucht. Doch während ein Mensch oftmals große weitgehende Pläne nur aussinnt, ihre Ausführung und Anordnung im Einzelnen aber anderen zum Ausdenken und Ausführen überlassen muß, weil es ihm an Arbeitskraft oder Zeit gebricht, so ist bei Gott ein derartiger Defekt von vornherein ausgeschlossen, da er ja *intelligendo se ipsum omnia alia cognoscit.* S. Th. I, q. 64 art. 3: *Manifestum est autem quod ea quae naturaliter fiunt determinatas formas consequuntur. Haec autem formarum determinatio oportet quod reducatur, sicut in primum principium, in divinam sapientiam, quae ordinem universi excogitavit, qui in rerum distinctione consistit. Et ideo oportet dicere quod in divina sapientia sint rationes omnium rerum, quas supra diximus ideas, id est formas exemplares in mente divina existentes.* Cg. III, 76: *ordo qui providentia in rebus gubernatis statuitur, ex ordine illo provenit quem provisor in sua mente disposuit, sicut et forma artis quae fit in materia ab ea procedit quae est in mente artificis.*

Wollte man der Schöpfung ihre Harmonie nehmen, so würde man derselben ihr höchstes Gut entziehen, denn erst durch die Ordnung des Universums erreichen ihre einzelnen Teile den höchsten Grad der Vollkommenheit. Cg. II, 28: *Bonum et optimum universi consistit in ordine partium ipsius ad invicem,*

qui sine distinctione esse non potest: per hunc ordinem uni-
versum in sua totalitate constituitur, quae est optimum ipsius.
Ipse igitur ordo partium universi et distinctio earum est
finis productionis universi.

Da nun diese Ordnung des Universums durch Gott von
Ewigkeit her ersonnen und bis ins Kleinste hinein festgestellt
sein soll, so steht auch dem Thomas von vornherein fest,
daß diese Welt, wie sie ist, besser sei als jede andere mögliche Welt, ja daß Gott eine andere gar nicht hätte schaffen
können, denn er könne doch nichts thun, was er nicht von
Anfang an gewollt habe, oder was seine Allweisheit nicht in sich
begreife oder seine Güte nicht zum Endziele habe. Da Gott
als die höchste Güte in allen seinen Geschöpfen die höchste
Summe des Guten zu verwirklichen suchen muß, und da
Thomas die größte Summe des Guten eben nur in der Ordnung dieser unserer Welt sieht und in keiner anderen, so
glaubt er umgekehrt auch zu der Folgerung berechtigt zu
sein, daß wir, wenn Gott an Stelle dieser Weltordnung eine
andere gesetzt hätte, die nach seiner Ueberzeugung unvoll-
kommener sein müßte, zu Zweifeln an der Existenz Gottes
berechtigt wären. Dies will er mit der paradoxen Behauptung sagen: „Gäbe es diese Ordnung nicht, gäbe es keinen
Gott." Dem Einwurfe: „Wenn es einen Gott geben soll, woher kommt dann das Uebel, oder wie verträgt sich die
Existenz des Uebels mit der Existenz eines höchsten persönlichen Gottes?" stellt er den paradoxen Satz entgegen: „Nur
wenn es ein Uebel giebt, giebt's einen Gott." Er will damit
sagen, daß diese Weltordnung die bestmögliche ist, und da
diese Weltordnung gerade zu ihrer Harmonie und Schönheit
des Uebels bedarf, und da eine derartige Weltordnung die
höchste Summe der Vollkommenheit in sich schließt, so ist
man auch berechtigt, aus der Existenz des unbedingt not-

wendigen Uebels auf die Existenz Gottes schließen. Cg. III,
71: *Si Deus est, unde malum est, esset autem e contrario
arguendum: si malum est, Deus est. Non enim esset malum
sublato ordine boni, cuius privatio est malum. Hic ordo a
Deo.* S. Th. q. 5 art. 5: *Ratio boni consistit in modo, specie
et ordine.* q. 48 art. 2: *Deus et natura et quodcunque agens
facit quod melius est in toto sed non quod melius est in
unaquaque parte, nisi per ordinem ad totum, ut supra
dictum est. Ipsum autem totum, quod est universitas creaturarum, melius et perfectius est, si in eo sint quaedam
quae a bono deficere possunt, Deo hoc non impediente. Ipsa
autem natura rerum hoc habet, ut quae deficere possunt
quandocunque deficiant.*

Beim Schaffen seines Lieblingswerkes (der Harmonie des
Alls) stellt Gott die absolute Vollkommenheit der einzelnen
Teile, die in ihrer lückenlosen Synthesis das All bilden, zurück hinter die absolute Vollkommenheit des Ganzen. Jeder
einzelne Teil, zusammenhangslos und nicht im Getriebe des
Alls betrachtet, strebt erklärlicherweise nach der größtmöglichen Vollkommenheit. Nun besteht jedoch ein gewaltiger
Unterschied zwischen der Vollkommenheit eines Teiles und
des Ganzen. Im Hinblick auf das Ganze besteht das Gute
in der rechten Anordnung, Zusammensetzung und Zu-
sammenwirkung der einzelnen Teile, und da ist es denn für
das All besser, daß unter den einzelnen Teilen Verschiedenheit herrscht, ohne welche Ordnung und Vollkommenheit des
Ganzen nicht existieren kann, deren Wesen in der rechten
Abwechslung und weisen Aufeinanderfolge von vollkommenen
und unvollkommenen Elementen besteht, als daß alle Teile
gleich vollkommen und somit gleichartig sind, und ein jeder
derselben die Stufe des edelsten Teiles erreicht. Vollkommener wäre ja zweifelsohne jeder Teil einer niedrigeren

Stufe an und für sich betrachtet, wenn er die Eigenschaften
des Teiles der höheren Stufe besäße. So würde der Fuß z. B.
vollkommener sein, wenn er die beispiellose Schönheit des
Auges bekäme, doch was würde wohl aus dem menschlichen
Organismus werden, wenn jedes Glied seine Eigenheit aufgeben wollte, wenn alle nur Auge sein wollten? Wäre nicht
seine bewunderungswürdige Harmonie mit einem Male vernichtet? So steht denn stets das Streben des partikulären
Agens im lebhaften Widerspruche zu dem des universalen,
jenes erstrebt die Vollkommenheit eines Einzelnen und bewirkt, daß dieses immer besser wird, dieses aber ist bedacht
auf die Güte des Ganzen, und hierdurch läßt es sich erklären,
daß sich oftmals ein Defekt findet wider die Absicht des
partikulären Agens, der der Absicht des universalen zuzuschreiben ist.

Cg. III, 45: *Est ad perfectionem universi pertinens non
solum quod multa sint individua, sed quod sint etiam diversae
rerum species et per consequens diversus gradus in rebus.*

III, 93: *Bonum et melius non eodem modo considerantur
in toto et in partibus. In toto enim est integritas quae ex
partium ordine et compositione relinquitur: unde melius est
toti, quod sit inter partes eius disparitas, sine qua ordo et
perfectio totius esse non potest quam quod omnes partes
essent aequales unaquaque earum perveniente ad gradum
nobilissimae partis. Quaelibet autem pars inferioris gradus
in se considerata melior esset, si esset in gradu superioris
partis.*

c. 97: *Inveniet enim, si quis diligenter consideret gradatim rerum diversitatem compleri, inanimata corpora, plantae, irrationabilia animalia, intellectuales substantiae et in
singulis horum inveniet diversitatem. Unde patet quod rerum*

diversitas exigit quod non sint omnia aequalia, sed sit ordo in rebus et gradus.

S. Th. q. 19 art. 9: *Ex omnibus consistit universitatis admirabilis pulchritudo, in qua etiam illud, quod malum dicitur, bene ordinatum et loco suo positum, eminentius commendat bona, ut magis placeant et laudabiliora sint dum comparantur malis.*

Sed Deus vult omne quod pertinet ad perfectionem et decorem universi, quia hoc est quod Deus maxime vult in creaturis.

eod. loco. *Malum autem quod conjungitur alicui bono est privatio alterius boni. Nunquam igitur appeteretur malum, nec per accidens, nisi bonum, cui conjungitur malum, magis appeteretur quam quoddam aliud bonum quod privatur per malum.*

q. 22 art. 4: *Post bonitatem autem divinam, quae est finis a rebus separatus, principale bonum in rebus existens est perfectio universi; quae quidem non esset, si non omnes gradus essendi invenirentur in rebus.*

Unde ad divinam providentiam pertinet omnes gradus entium producere.

q. 48 art. 2: *Perfectio universi requirit inaequalitatem esse in rebus, ut omnis bonitatis gradus impleantur. Est autem unus gradus bonitatis, ut aliquid ita bonum sit quod nunquam deficere possit. Alius autem gradus bonitatis est, ut sic aliquid bonum sit quod a bono deficere possit; qui etiam gradus in ipso esse inveniuntur; quaedam enim sunt quae suum esse amittere non possunt, ut incorruptibilia, quaedam vero sunt quae amittere possunt, ut corruptibilia. Sicut igitur perfectio universitatis rerum requirit, ut non solum sint entia incorruptibilia; ita perfectio universi requirit, ut sint quaedam quae a bonitate deficere possint, ad quod sequitur ea interdum deficere. In hoc autem consistit ratio mali ut sc. aliquid deficiat a bono. Unde manifestum est quod in rebus malum invenitur, sicut et corruptio; nam et ipsa corruptio malum quoddam est.*

Wie ein kluger Regent oft einen Mangel an Güte übersehen muß bei einem einzelnen Teile, damit die des Ganzen dadurch gehoben wird, so würde auch ein gut Teil der Harmonie des Alls vernichtet werden, falls die Unvollkommenheit aus verschiedenen Teilen des Universums gänzlich entfernt würde, denn die eigentümliche Schönheit des Universums besteht in der rechten Abwechslung des Vollkommenen und Unvollkommenen. S. Th. q. 48 art. 1: *ex omnibus consistit universitatis admirabilis pulchritudo. In qua etiam illud quod malum dicitur, bene ordinatum et suo loco positum, eminentius commendat bona* (Augustin, Enchir.). Und dies letztere geht oft aus dem defizienten Charakter des Guten hervor und hat trotzdem oft Vollkommenes als sein Resultat. Dies veranschaulicht uns Thomas an der *interpositio silentii,* die ja im Grunde genommen ein Defekt ist und doch erst das harmonische Zusammenklingen der Töne hervorruft. q. 19 art. 9: *Nullum autem bonum Deus magis vult quam suam bonitatem; vult autem aliquod bonum magis quam aliud quoddam bonum. Unde malum culpae, quod privat ordinem ad bonum divinum Deus nullo modo vult, sed malum naturalis defectus vel malum poenae vult, volendo aliquod bonum, cui conjungitur tale malum, sicut volendo ordinem naturae servari, vult quaedam naturaliter corrumpi.*

Cg. III, 71: *Bonum totius praeeminet bono partis. Ad prudentem igitur gubernatorem pertinet negligere aliquem defectum bonitatis in parte, ut fiat augmentum bonitatis in toto. Sed si malum a quibusdam partibus universi subtraheretur, multum deperiret perfectionis universi, cuius pul-*

chritudo ex ordinata bonorum et malorum adunatione con-
surgit, dum mala ex bonis deficientibus proveniunt et tamen ex
eis quaedam bona consequuntur, sicut et silentii interpositio
facit cantilenam esse suavem. S. Th. q. 48 art. 1: *Malum*
non agit neque desideratur nisi virtute boni adjuncti; per se
autem est infinitum et praeter voluntatem et intentionem.
Partes universi habent ordinem ad invicem, secundum
quod una agit in alteram et est finis alterius et exemplar.
Haec autem ut dictum est non possunt convenire malo nisi
ratione boni adjuncti. Unde malum neque ad perfectionem
universi pertinet neque sub ordine universi concluditur nisi
per accidens, id est ratione boni adjuncti.

Eine annähernde Gottähnlichkeit konnten die erschaffenen
Wesen nach Thomas' Ansicht nur dadurch erreichen, daß sie
mannigfache Abstufungen bilden und in die mannigfachsten
Arten zerfallen. Wäre jemand imstande, mehrere Arten
von Dingen zu schaffen, und wollte er sich auf die endlose
Herstellung eines einzelnen beschränken, weil dies für sich
genommen vollkommener ist als die anderen, so würde er
nicht in vollem Umfange von der ihm zustehenden Fähigkeit
Gebrauch machen. S. Th. q. 47 art. 2: *Et ideo dicendum est,*
sicut sapientia Dei est causa distinctionis rerum, ita et
inaequalitatis. Unde in rebus naturalibus gradatim species
ordinatae esse videntur; sicut mixta perfectoria sunt elementis
et plantae corporibus mineralibus, et animalia plantis, et
homines aliis animalibus; et in singulis horum una species
perfectior aliis invenitur. Sicut ergo divina sapientia causa
est distinctionis rerum propter perfectionem universi, ita et
inaequalitatis. Non enim esset perfectum universum, si tan-
tum unus gradus bonitatis inveniretur. Wäre dies nicht
äußerst eintönig, ermüdend und abgeschmackt, zeugte es
nicht von einem in ästhetischer Hinsicht sehr tief stehenden

Geiste? Die höchste Vollkommenheit eines Werkes besteht gerade in der Mannigfaltigkeit und bunten Abwechslung seiner Erscheinungsformen, in der Stufenreihe vom Vollkommenen zum Unvollkommenen, denn nur in den mannigfachsten und verschiedensten Gebilden kann sich die Vollkommenheit genügend entfalten, nicht darin, daß stets nur ein und dasselbe Gebilde geschaffen wird. Und hierin sollte das Weltall, das großartigste Werk Gottes, vor menschlichen Werken zurückstehen? Das Weltall mit seiner Harmonie verlangt Verschiedenheit und Ungleichheit der einzelnen Teile, mag sie auch auf Kosten der Güte der einzelnen Teile gehen. Man würde der Natur ihre höchste Zier nehmen, wollte man ihr die Fülle der Erscheinungsformen nehmen. Diese Verschiedenheit ist nichts Zufälliges, und man darf sie nicht auf Rechnung der mannigfachen Erscheinungsformen setzen wollen, sondern sie ist Gottes ureigenste Absicht. Diese Argumentationen des Th. sind uns nichts Neues, sie sind uns schon im grundlegenden Teile als Annahme der Neuplatoniker und des Augustin begegnet; Th. hat sie nur des Weiteren ausgeführt.

S. Th. q. 47 art. 1 : *Non ergo distinctio est in rebus propter materiam, sed potius e converso in materia creata est difformitas, ut esset diversis formis accommodata. Unde dicendum est quod distinctio rerum et multitudo est ex intentione primi agentis, quod est Deus. Producit enim res in esse propter suam bonitatem communicandam creaturis, et per eas repraesentandam; et quia per unam creaturam sufficienter repraesentari non potest, produxit multas creaturas et diversas, ut quod deest uni ad repraesentandam divinam bonitatem suppleatur ex alia. Nam bonitas, quae in Deo est simpliciter et uniformiter, in creaturis est multipliciter et divisim, unde perfectius participat divinam bonitatem et repraesentat cam totum universum, quam alia quaedam creatura. Pluralitati creaturarum correspondet in mente divina pluralitas idearum.* Cg. III, 71: *Tolleretur summus decor a rebus, si ab eis ordo distinctorum et disparium tolleretur et multitudo a rebus. Si aequalitas omnimodo esset in rebus, non esset nisi unum bonum creatum.* II, 45: *Si aliquis agens cuius potentia est ad plures effectus faceret unum illorum tantum, potentia eius non ita completa reduceretur in actum, sicut cum facit plura. Ergo non esset perfecta Dei similitudo in universo si esset unus tantum gradus omnium entium. Propter hoc igitur est distinctio in rebus creatis, ut perfectius Dei similitudinem consequantur per multa quam per unum.*

Und was mag nun wohl der nächste Grund für den Defekt einzelner Teile sein? Thomas schreibt ihn dem Wirken der *secundarum causarum* zu, mit denen seiner Ansicht nach ein Mangel verknüpft ist, infolgedessen ist auch ihre Wirkung mangelhaft. Schon Plato hatte den Defekt den *secundis causis* aufgebürdet. Zeller (Geschichte der griech. Philos., Bd. 2, S. 487) sagt darüber folgendes: „Die Dinge sind neben den Ideen durch die Notwendigkeit bedingt (dies ist nur ein anderer Ausdruck für die Natur des Endlichen); bei ihrer Entstehung war neben der Vernunft noch eine andere blind wirkende Ursache im Spiele. Selbst die Gottheit konnte ihr Werk nicht vollkommen, sondern nur so gut machen, als die Natur des Endlichen es zuließ." Tim. 48: ταῦτ᾽ οὖν πάντα ἔστι τῶν ξυναιτίων, οἷς θεὸς ὑπηρετοῦσι χρῆται τὴν τοῦ ἀρίστου κατὰ τὸ δυνατὸν ἰδέαν ἀποτελῶν u. λεκτέα μὲν ἀμφότερα τῶν αἰτιῶν γένη. Die Vernunft hat kein höheres Ziel ihres Wirkens als die Idee des Guten, die höchste Idee, aus der alle anderen entspringen, und von der sie beherrscht sind; als das Werk der Vernunft müssen die Dinge aus der Idee des Guten oder teleologisch erklärt wer-

7

den, was dagegen an ihnen dieser Erklärung widerstrebt, das
ist als das Erzeugnis von mechanischen Ursachen, als das
Werk der Naturnotwendigkeit zu betrachten. Beide Ursachen
stehen keineswegs gleich; die eigentlichen und wesentlichen
Gründe sind die Endursachen, die physikalischen sind für
bloße Mittelursachen oder genauer für bloße Hilfsmittel der
zweckthätigen Vernunft zu halten. Auch von Thomas gilt
das Wort Zellers: „Beiderlei Ursachen (Endursachen und
physikalische) in eine zusammenzufassen, in der Notwendigkeit das eigene Werk Gottes und die positive Vermittelung,
nicht bloß die Schranken und die negative Bedingung seines
Wirkens zu sehen, das ist ihm bei seinem Dualismus nicht
möglich.“

Cg. c. 71: *Contingit provenire defectum in effectu propter
defectum causae secundae agentis licet in Deo nullus sit
defectus. Solvitur etiam quorundam dubitatio, utrum scilicet
actiones malae sint a Deo. Omne agens actionem suam
producit inquantum agit virtute divina et ex hoc est Deus
omnium et effectuum et etiam actionum causa, itemque malum
et defectus in his quae providentia divina reguntur accidit
ex conditione secundarum causarum, in quibus potest esse
defectus, actiones malae non sunt a Deo sed a causis proximis
deficientibus.*

Wie wir schon gesehen haben, unterschied Thomas zwischen
dem Defekt auf seiten des Agens und dem auf seiten der
Materie, auf welche die Thätigkeit des *Agens* sich richtet.
Zur Veranschaulichung dieses Satzes diene folgendes Beispiel:
Wenn ein Mensch hinkt, so hat man dies nicht etwa
seiner Fortbewegungskraft resp. einem Defekt derselben zuzuschreiben, sondern der Kürze der *tibia*. Oder: Das Spiel
eines Künstlers wird oft beeinträchtigt durch ein mangel-
haftes Instrument. In beiden Fällen liegt die Schuld auf

seiten der Materie, welche die Wirkung des Agens beeinträchtigt. Cg. III, 71: *Sicut hominem cuius vis motiva est fortis contingit claudicare non propter defectum virtutis sed propter tibiae curvitatem.*

Selbstverständlich kann auch die Schuld auf seiten des *Agens* liegen, dessen Fähigkeit zur Bewältigung der Aufgabe, welche er sich gestellt hat, nicht ausreicht. Mit diesen Sätzen wäre der Vorwurf der Schuld, welchen man Gott wegen der mannigfachen Mängel machen könnte, die das Universum zeigt, auf die Schultern der *secundarum agentium* und der Materie abgewälzt. S. Th. q. 49 art. 2: *Ad secundum dicendum, quod effectus causae secundae deficientis reducitur in causam primam non deficientem, quantum ad id quod habet entitatis et perfectionis, non autem quantum ad id quod habet de defectu, sicut quidquid est motus in claudicatione, causatur a virtute motiva; sed quod est obliquitatis in ea, non est ex virtute motiva sed ex curvitate cruris. Et similiter quidquid est entitatis et actionis in actione mala, reducitur in Deum sicut in causam, sed quod est ibi defectus, non causatur a Deo, sed ex causa secunda deficiente.* Cg. III, 71: *Quantum autem ad id quod de actione et de entitate habent oportet quod sint a Deo sicut claudicatio est a virtute motiva quantum ad id quod habet de motu, quantum autem ad id quod habet de defectu, est ex curvitate cruris.*

Doch wie vereint ·sich hiermit die frühere Behauptung des Thomas, die Verschiedenheit der Teile sei nichts Zufälliges und nicht den mannigfachen Erscheinungsformen der Materie zuzuschreiben, sondern Gottes ureigenste Absicht. Hat er durch seine Ansichten über die Harmonie noch nicht allen Schein zerstreut, der hier gegen Gott als etwaigen Schöpfer des Bösen sprechen könnte, so weiß er sehr geschickt den optimistischen Zug, der in jedem Menschen

wohnt, für seine Sache sprechen zu lassen. Wenn man schon
bei den Menschen gemeinhin annimmt, daß jeder Verständige
nur um des Guten und Vollkommenen willen handelt und
dasselbe nicht etwa des Minderwertigen, Unvollkommenen
wegen schafft, sondern gerade das Umgekehrte beabsichtigt,
nämlich mit Hilfe des Unvollkommenen das Vollkommene zu
erreichen, so wäre es geradezu ungereimt, bei der Beurteilung
der göttlichen Thätigkeit das Gegenteil behaupten zu wollen.
S. Th. q. 49 art. 2: *Ordo universi requirit quod quaedam
sint quae deficere possint et interdum deficiunt. Et sic
Deus in rebus causando bonum ordinis universi ex conse-
quenti et quasi per accidens causat corruptiones rerum.* Wie
der Schiffer sich erst dann dazu versteht, die Waren, welche
sein Schiff birgt, über Bord zu werfen, wenn er sich durch
ihre Opferung vom Untergange retten kann, also das kleinere
Uebel dem größeren vorzieht, so wird auch Gott bei Verwirklichung seines Weltplanes erst dann zum Bösen, zum
Unvollkommenen greifen, wenn es gilt, größeren Uebeln vor-
zubeugen oder größere Güter zu fördern. Und dies Unvollkommene, dessen sich Gott bedient, ist nach Thomas ver-
schwindend klein im Gegensatze zu den unendlichen Gütern,
die er beut. Nur kleinlich-menschlicher Pessimismus, vereint mit dem beschränkten Blicke, der dem Erdgeborenen
eigen ist, mag dasselbe riesengroß finden. Der Mensch kann die
Ordnung des Ganzen nicht mit göttlichem Blicke überschauen
und faßt die partikulären Güter nach ihrem Verhältnis zu
seiner Natur auf. Demgemäß kann ihm etwas als gut erscheinen und als solches von ihm gewollt werden, während
es Gott nach seiner universellen Anschauung nicht als gut
erkennt und will. Vieles, was uns in seinen Wirkungen böse
erscheint, weil es gerade uns nicht dienlich ist, ist an und
für sich gut. Gar manches Gut, an dem wir jetzt als an

etwas Selbstverständlichem vorübergehen, würde verschwinden, wenn das Mangelhafte keinen Platz mehr in der Welt hätte, da es sein Dasein nur hat in und durch den Gegensatz zum Bösen, ja vielfach wird das Gute in seinem vollen Umfange und wahren Inhalte erst erkannt durch Vergleichung mit dem Bösen und im Gegensatz zu demselben. So erkennt man z. B. den Wert der Gesundheit erst im Hinblick auf die Krankheit. Das Böse stellt das Gute erst ins rechte Licht. Vieles Gute, was wir genießen, würde uns verkümmert werden; so würde unsere Erkenntnis des Guten getrübt, unsere Sehnsucht nach demselben vermindert und unsere Liebe zu demselben erkalten, wenn es uns nicht der Gegensatz zum Bösen erst lieb und wert machte. S. Th. q. 48 art. 2: *„Deus est adeo potens, quod etiam bona potest facere de malis“* (Augustin, Enchir. c. XI). *Unde multa bona tollerentur, si Deus nullum malum permitteret esse; non enim generaretur ignis, nisi corrumperetur aer; neque conservaretur vita leonis, nisi occideretur asinus* (Kampf ums Dasein). *Neque etiam laudaretur justitia vindicantis et patientia sufferentis, si non esset iniquitas persequentis.* q. 19 art. 9: *Malum non ordinatur ad bonum per se, sed per accidens. Praeter intentionem enim peccantis est quod ex hoc sequatur aliquod bonum; sicut praeter intentionem tyrannorum fuit, quod ex eorum persecutionibus claresceret patientia martyrorum.* Cg. III, 71: *Si nulla mala essent in rebus, multum de bono hominis diminueretur, nam bonum ex compositione mali magis cognoscitur, sicut quantum bonum sit sanitas, infirmi maxime cognoscunt, qui etiam ad eam magis exardent quam sani. Multum de bono hominis diminueretur et quantum ad cognitionem et quantum ad boni desiderium vel amorem.*

Wie es schon von einem vernünftigen menschlichen Regi-

mente verlangt wird, daß es dem naturgemäßen Handeln
seiner Bürger kein Hindernis in den Weg legt, so muß man
in noch weit höherem Maße an Gott die Forderung stellen,
daß er die geschaffenen Dinge handeln läßt nach dem Maße
ihrer Natureigentümlichkeit. Hiervon ist nun trotz der besten
Absichten, die sie haben mögen, die unabweisbare Folge, daß
bei den defizienten Anlagen derselben und der Materie, auf
die sie einwirken, das Böse folgt. Daraus kann man Gott
keinen Vorwurf machen, denn er kann verständigerweise die
guten Absichten, mögen sie auch nicht den entsprechenden
Erfolg haben, unmöglich ganz und gar hindern. Dies wäre
gerade so, wie wenn man das Feuer aus der Welt schaffen
wollte, weil es bisweilen große Brände verursacht.

Cg. III, 71: *Optimum in gubernatione qualibet est, ut
rebus gubernatis secundum modum suum provideatur: in
hoc enim regiminis justitia consistit. Sicut igitur esset contra
rationem humani regiminis, si impedirentur a gubernatore
civitatis homines agere secundum sua officia, ita esset contra
rationem divini regiminis, si non sineret res creatas agere
secundum modum naturae. Ex hoc autem quod creaturae
sic agunt sequitur corruptio et malum in rebus, cum propter
contrarietatem et repugnantiam quae est in rebus una res
sit alterius corruptiva.*

Eine besondere Behandlung verlangt auch das Moralisch-
Böse. Der Quell des Moralisch-Bösen liegt in erster Linie
in der Thätigkeit des Willens. Wäre nun der Defekt, dessen
sich der Wille in seiner Thätigkeit schuldig macht, eine
Folge seiner natürlichen Beschaffenheit, so müßte der Wille
notgedrungen bei jeder seiner Handlungen fehlen. Doch dem
ist nach Thomas nicht so. Nach ihm ist wie bei Aristoteles
das nächst höhere aktive Prinzip, welchem der Wille in
seiner Thätigkeit untergeordnet ist, die Vernunft. Diese

giebt ihm (dem Willen) ein bestimmtes Ziel an, und diesem bleibt nun die selbständige Erreichung desselben überlassen. Solange der Wille der Anordnung der Vernunft Folge leistet, wirkt er ohne jeden Defekt. Sobald er sich aber vom *sensus* leiten läßt, oder die *ratio* ihm ein falsches Ziel angiebt, entsteht das moralische Böse. „Dieser Defekt ist als etwas Accidentelles vom Guten mit hervorgerufen."

S. Th. q. 82 art. 2: *Praeterea sicut apprehensum secundum sensum est objectum appetitus sensitivi, ita apprehensum secundum intellectum est objectum intellectivi appetitus, qui dicitur voluntas.*

q. 82 art. 3: *Si ergo intellectus et voluntas considerentur secundum se, sic intellectus eminentius invenitur; et hoc apparet ex comparatione objectorum ad invicem. Objectum enim intellectus est simplicius et magis abstractum quam objectum voluntatis; nam objectum intellectus est ipsa ratio boni appetibilis: bonum autem appetibile, cuius ratio est in intellectu, est objectum voluntatis. Quanto autem aliquid est simplicius et abstractius, tanto secundum se est nobilius et altius. Et ideo objectum intellectus est altius quam objectum voluntatis. Cum ergo propria ratio potentiae sit secundum ordinem ad objectum, sequitur quod secundum se et simpliciter intellectus sit altior et nobilior voluntate.*

q. 82 art. 4: *Respondeo dicendum, quod aliquid dicitur movere dupliciter. Uno modo per modum finis, sicut dicitur quod finis movet efficientem, et hoc modo intellectus movet voluntatem, quia bonum intellectum est objectum voluntatis et movet ipsam ut finis.*

Si ergo comparentur intellectus et voluntas secundum rationem communitatis objectorum utriusque, sic dictum est supra, quod intellectus est simpliciter et altior et nobilior voluntate.

q. 84 art. 8: *Ad primum ergo dicendum quod quam-vis intellectus sit superior sensu, accipit tamen aliquo modo a sensu et ejus objecta prima et principalia in sensibilibus fundantur; et ideo necesse est quod impediatur judicium intellectus ligamento sensus.* Cg. III, 10: *Cum igitur voluntas tendit in actum mota ab apprehensione rationis repraesentantis sibi proprium bonum sequitur debita actio. Cum autem voluntas in actione pro-rumpit ad apprehensionem apprehensivae sensualis vel ipsius rationis aliquid aliud bonum repraesentantis a proprio bono diversum sequitur in actione voluntatis peccatum morale.*

Oft hat man in der selbständigen Willensentschei-dung des Menschen eine Unvollkommenheit seiner Natur sehen wollen, da diese ihm ja gestattet, sich auch für das Böse zu entscheiden, doch gerade hierin haben wir den Vor-zug des Menschen vor allen übrigen Geschöpfen zu erblicken. Gar mancherlei Mißstände würden sich herausstellen, falls die Freiheit des Willens aufgehoben würde, viele bewunde-rungswürdigen Güter würden damit vernichtet. Wäre wohl noch Ursache vorhanden zum Lobe der menschlichen Tugend, würde dann die Tugend nicht überhaupt aufhören Tugend zu sein? Wo bliebe die Gerechtigkeit, wo alle menschlichen Tugenden, deren wir uns rühmen?

Da alle Weisheit des menschlichen Intellekts, jede kräftige Willensthat, soweit sie vollkommen ist, nur in und durch göttliche Kraft wirkt, so muß man jede Unvollkommen-heit der mangelhaften menschlichen Natur zuschreiben, und es ist somit etwas ganz Naturgemäßes, wenn der Mensch etwas Böses begeht. Dabei drängt sich unwillkürlich die Frage auf, ob denn Thomas den Dingen, speziell dem mensch-lichen Willen noch irgend welche Selbständigkeit zuschreiben darf bei einer so streng geschlossenen Verkettung aller, selbst der kleinsten Verhältnisse. Die Konsequenz seines Systems scheint dies von vornherein zu verneinen, ja wir finden auch in den unzweideutigsten Ausdrücken den Schluß gezogen, daß wie bei den *corporalia omnis motus causatur a primo motu*, ebenso auch bei den *spiritualia omnis motus voluntatis a prima voluntate causatur, quod est voluntas Dei.* cf. Cg. III c. 89; c. 93: *Semper hoc homo eligit, quod Deus operatur in eius voluntate.* cf. S. Th. q. 103 art. 7: *Cum divina providentia sit universalis causa non unius tantum generis, sed universaliter totius entis, nihil potest praeter illius ordinem in universo evenire.*

Diametral entgegengesetzt sind dieser deterministischen Auffassung aber verschiedene Aussagen, welche den Geschöpfen ihre Selbständigkeit wahren, so daß ihre eigene Wirksamkeit durch das alles beherrschende Kausalitätsgesetz nicht aufgehoben erscheint. cf. Cg. III c. 69: *Non causalitas effectuum inferiorum est ita attribuenda divinae virtuti, quod subtrahatur causalitas inferiorum agentium.*

cf. S. Th. q. 83 art. 1: *Deus igitur est prima causa movens et naturales causas et voluntarius. Et sicut naturalibus causis, movendo eas, non aufert quin actus earum sint naturales, ita movendo causas voluntarias, non aufert quin actiones earum sint voluntariae, sed potius hoc in eis facit; operatur enim in unoquoque secundum eius proprietatem.*

Bei seinem konziliatorischen Charakter sucht Th. zwischen diesen beiden sich entgegenstehenden Ansichten eine Vermittlung zu finden. Wie wir schon des öfteren in unserer Ausführung bemerkten, unterscheidet Th. bei jeder Thätigkeit zwei Momente, nämlich göttliche und menschliche Aktivität. Ist auch die letztere als *causa secunda* notwendig an die *causa prima* gebunden, so läßt sie doch Thomas als eine für sich bestehende Ursache gelten, die die Quelle aller Kontingenz bildet.

cf. Cg. III c. 70: *In quolibet agente est duo considerare scil. rem ipsam, quae agit, et virtutem, qua agit, sicut ignis calefacit per calorem. Virtus autem inferioris agentis dependet a virtute superioris agentis, inquantum superius agens dat virtutem ipsam inferiori agenti, per quam agit, vel conservat eam, aut etiam applicat eam ad agendum.* cf. S. Th. I q. 105 art. 5: *Sic intelligendum est Deum operari in rebus, quod tamen ipsae res propriam habeant operationem.*

Mit dieser Annahme sucht er neben der völligen Abhängigkeit und Ableitung aller Dinge aus Gott auch eine gewisse Selbständigkeit der Geschöpfe festzuhalten. So vermag denn bei aller Abhängigkeit und Unterordnung doch jede Art und Gattung frei zu wirken *ad suum modum*. Doch daß eben diese Annahme von dem selbständigen Wirken der *causae secundae* auf recht schwachen Füßen steht, sehen wir an dem Beispiele, durch das Th. uns dies Verhältnis zwischen *causa prima* und *causa secunda* veranschaulichen will. Er bedient sich des Beispiels vom Instrument in der Hand des Künstlers. cf. Cg. I c. 44: *omnia moventia, quae sunt in mundo, comparantur ad primum movens, quod est Deus, sicut instrumenta ad agens principale.* Niemand wird wohl behaupten, daß das Instrument selbständig wirken könne, und gerade der Vergleich der *c. secundae* mit Instrumenten ist der deutlichste Beweis für ihre Unfreiheit. Wenn Thomas trotzdem ihre Selbständigkeit behauptet, so durchhaut er den Knoten, aber er löst ihn nicht.

Die Gründe, die den Thomas bewegen konnten, die sich aus seinem Systeme mit Notwendigkeit ergebende Determination alles Seins in ihr Gegenteil umzukehren, liegen in dem prinzipiellen Verhältnis der Welt zu Gott. Wie eine infolge des Mangels an freier Wirksamkeit zwecklose Schöpfung der Weisheit Gottes widersprechen würde, so verlangte auch die von Gott beabsichtigte Anlage der Aehnlichkeit der Welt mit ihm, daß er den Dingen neben der Mitteilung seines Seins auch eine freie und selbständige Wirksamkeit gab.

cf. Cg. III c. 69: *Contra rationem sapientiae est, ut sit aliquid frustra in operibus sapientis. Si autem res creatae nullo modo operentur ad effectus producendos, sed solus Deus operetur omnia immediate, frustra essent adhibitae ab ipso aliae res ad producendos effectus.*

cf. S. Th. I q. 105 art. 5: *Secundo quod virtutes operativae quae in rebus inveniuntur, frustra essent rebus attributae, si per eas nihil operarentur; quinimo, omnes res creatae viderentur quodammodo esse frustra, si propria operatione destituerentur; cum omnes res sint propter suam operationem. Sic igitur intelligendum est Deum operari in rebus, quod tamen ipsae res propriam habeant operationem.*

cf. Cg. III c. 69: *Si Deus communicavit aliis similitudinem suam quantum ad esse, inquantum res in esse produxit; consequens est, quod communicavit eis similitudinem suam quantum ad agere, ut etiam res creatae habeant proprias actiones.*

Schlufs.

Wie sich aus einem auch nur oberflächlichen Vergleiche der beiden Darstellungen ergiebt, bieten sich bei aller Verschiedenheit doch mannigfache Berührungspunkte zwischen Thomas und Leibniz. Bin ich auch weit davon entfernt, aus diesem Grunde eine Abhängigkeit Leibnizens von Thomas

behaupten zu wollen, so glaube ich doch mit Fug und Recht
die These aufgestellt zu haben, daß sich bei beiden gerade bei
Behandlung dieser Materie viel Verwandtes findet, daß Leibniz
dem Thomas viel näher steht, als man gemeinhin annimmt,
und daß die meisten Gründe und Hypothesen, welche er zur
Rechtfertigung des Daseins des Uebels in der besten aller
denkbaren möglichen Welten vorgebracht hat, schon von
Thomas zu diesem Zwecke aufgestellt und benutzt worden
sind. Alle Gedankenelemente stimmen im Wesentlichen über-
ein, sowohl was die ontologisch-metaphysische, wie ästhetischkünstlerische Beweisführung betrifft. Doch bei aller Verwandtschaft finden sich auch feinere Unterschiede zwischen
Thomas und Leibniz.

So ist z. B. bei Leibniz die metaphysische Betrachtung
weniger stark nach der abstrakt-ontologischen als nach der
dynamischen Richtung. Thatsachen und Ideen der modernen
Naturwissenschaft unterstützen hier die prinzipielle These.
L. kann die Welt nicht als etwas Totes, Lebloses betrachten,
ihm ist alles Leben und Thätigkeit, jede Monade eine *vis
activa*. Die Welt ist die beste als Verwirklichung der
größten Summe des Lebens.

Auch bei der ästhetischen Beweisführung ist ein leiserer
Unterschied unverkennbar. Leibniz spricht mehr von der
Einwirkung, welche die Ordnung, Schönheit und Harmonie
des Weltgebäudes auf uns, auf den genießenden Menschen
macht, er neigt zu einer subjektiveren Fassung, während bei
Thomas dies seltener hervortritt. Dieser schildert mehr das
Universum als beseeltes Kunstwerk, das in allen seinen Abstufungen die größte Mannigfaltigkeit bietet, in dem die
größte Harmonie herrscht, und in dem das Unvollkommene
die Schönheit des Vollkommenen noch erhöht. Leibniz spricht
mehr davon, welchen Genuß wir, die betrachtenden Subjekte

von dieser Ordnung des Universums haben, welche künstlerischen Regungen die weise Abwechslung von Vollkommenem und Unvollkommenem in uns hervorruft. Daß sie mit dieser Betrachtungsweise beide tief im antiken Geiste wurzeln, das ist schon zu ausreichend dargethan, als daß ich darauf noch einmal tiefer einzugehen brauchte. Daß sie aber auch alle Mängel und Fehler der Antike teilen, das wollen wir nicht leugnen. Der metaphysisch-privatistischen und künstlerisch-ästhetischen Betrachtungsweise muß es daran liegen, die wahre Natur des Bösen zu mildern, sie dem Guten völlig zu unterwerfen und ihre wirkliche Bedeutung abzuschwächen. Diesen Mißstand zu überwinden, blieb der späteren Philosophie, namentlich einem Kant, vorbehalten. Die Voranstellung der praktischen Vernunft führte Kant sowohl zu einer unermeßlichen Vertiefung des Gegensatzes, wie seine Lehre vom radikalen Bösen zeigt, als zur Erkenntnis, daß derartige Probleme, wie das des Ursprunges und der Rechtfertigung des Bösen, über unser Erkenntnisvermögen hinausgehen und daher unlösbar sind. Wir aber schließen hier mit der Feststellung der Thatsache, daß Thomas, der Normaltheologe unserer heutigen katholischen Theologie, bei diesem Hauptprobleme nicht viel weniger rationalistisch verfuhr als der leitende Geist des deutschen Rationalismus, als Leibniz.

Zum Schluß seien zur Veranschaulichung der Uebereinstimmung der beiden Denker einige Parallelstellen angeführt.

Schranken der göttlichen Allmacht.

Thomas s. c. g.	Leibniz, Théodicée.
II, 25: Hoc Deus non potest, ut faciat simul unum et	Gerhardt, Bd. VI S. 175 c. 121: L'on ne donne point

Thomas.

idem esse et non esse, quod est contradictoria esse simul.

II, 22: Omnia Deus potest quae in se rationem non entis non includunt (contradictionem) quaecunque non repugnant rationi eius quod est esse in actu.

Quicquid est in potentia entis creati, hoc Deus per suam virtutem activam facere potest, in potentia autem entis creati est omne quod enti creato non repugnat, sicut in potentia naturae humanae sunt omnia quae naturam humanam non tollunt.

Leibniz.

de bornes à la puissance de Dieu, puisqu'on reconnoit qu'elle s'etend ad maximum ad omnia, à tout ce qui n'implique aucune contradiction: et l'on n'eu donne point à sa bonté, puisqu'elle va au meilleur ad optimum.

S. 225 c. 183: Il a falu necessairement, qu'il fit l'homme un animal raisonnable, et qu'il donnât à un cercle la figure ronde, puisque, selon ses idées éternelles et independantes des decrets libres de sa volonté, l'essence de l'homme consistoit dans les attributs d'animal et de raisonnable, et que l'essence du cercle consistoit dans une circonference également éloignée du centre quant à toutes ses parties. Voilà ce qui a fait avouer aux Philosophes Chrétiens que les essences des choses sont éternelles, et qu'il y a des propositions d'une éternelle verité, et par consequent que les essences des choses et la verité des premiers principes sont immuables.

Dieu a vû de toute éternité et de necessité les rapports essentiels des nombres et l'identité de l'attribut et du sujet des propositions qui contiennent l'essence de chaque chose.

Thomas.

II, 24: Voluntas ad agendum
ex aliqua apprehensione mo-
vetur: bouum enim apprehensum est obiectum voluntatis,
cum in Deo non sit nisi intellectualis apprehensio nihilque
intelligat nisi intelligendo se,
quem intelligere est sapientem
esse, relinquitur quod omnia
Deus secundum suam sapientiam
operatur.

c. 26: Sciendum quod quam-
vis divinus intellectus ad certos
effectus non coarctetur, ipse
tamen sibi statuit determinatos
effectus, quos per suam sapientiam ordinate producat.

III, c. 71: Error quorundam,
qui Deum non esse. dicebant:
Si Deus est, unde malum est.
Esset autem e contrario arguendum: Si malum est, Deus est.
Non enim esset malum sublato
ordine boni, cuius privatio est
malum. Hic ordo a Deo.

I, c. 28: Si divinam dispositionem consideremus quomodo
Deus disposuit suo intellectu et
voluntate res in esse producere
sic rerum productio ex neces-

Leibniz.

S. 318: et c'est tousjours
une heureuse necessité d'être
obligé d'agir suivant les regles
de la parfaite sagesse.

S. 390: Cette espece de necessité est heureuse et souhai-
table, lorsqu'on est porté par
de bonnes raisons à agir comme
l'on fait; mais la necessité
aveugle et absolue renversoit
la pieté et la morale.

S. 175 c. 121: Dieu à la
verité ne connoit point d'autre
juge qui le puisse contraindre
à donner ce qui peut tourner
en mal, il n'est point comme
Jupiter qui craint le Styx. Mais
sa propre sagesse est le plus
grand juge qu'il puisse trouver,
ses jugemens sont sans appel,
ce sont ses arrets les destinées
.... La sagesse ne fait que
montrer à Dieu le meilleur ex-
cercice de sa bonté qui soit
possible: après cela, le mal qui
passe est une suite indispen-
sable du meilleur: J'adjouteray
quelque chose de plus fort:
Permettre le mal, comme Dieu
le permet, c'est la plus grande
bonté.

S. 131 c. 53: Mais Dieu
luy même (dirat-on) ne pour-
roit donc rien changer dans le
monde? Assurement il ne pour-
roit pas à present le changer,

Thomas.

sitate divinae dispositionis procedit. Non enim potest esse
quod Deus aliquid se facturum
disposuerit quod postmodum ipse
non faciat, alias eius dispositio
vel esset mutabilis vel infirma.
Praeter ordinem illum Deus
facere non potest, ordo enim
ille ex scientia et voluntate
Dei omnia ordinante in suam
bonitatem sicut in finem.

Leibniz.

sauf sa sagesse, puisqu'il a
prevu l'existence de ce monde
et de ce qu'il contient, et même
puisqu'il a pris cette resolution
de le faire exister, car il ne
sauroit ny se tromper ny se
repentir, et il ne luy appartenoit pas de prendre une resolution imparfaite qui regardât
une partie et non pas le tout.

Das Böse ist nur Privation des Guten.

I, 39: Sic malum de nullo
dici potest, ut sit essentia alicuius, ei enim esse deficeret,
quod bonum est, ratio mali
consistit in imperfectione, imperfectum est secundum quod
est defectus ab actu, ergo malum
vel privatio vel privationem
includit vel nihil est.

III, 5: Malum in substantia
aliqua est ex eo quod debet
habere (ad ex. si non habeat
manus, quas debet habere si
sit perfectus). Omnis autem
privatio est eius quod quis natus
est habere et debet habere.

III, 10: Quidquid est proprie
et per se alicuius causa tendit
in proprium effectum, si igitur
malum esset per se alicuius
causa tenderet in proprium
effectum sc. malum. Hoc autem

S. 115 § 20: Mais à proprement parler, le formel du mal
n'en a point d'efficient, car
il consiste dans la privation,
comme nous allons voir, c'est
à dire dans ce que la cause
efficiente ne fait point. C'est
pourquoy les Scolastiques ont
coutume d'appeller la cause du
mal deficiente.

S. 340 § 378: J'ay déja fait
remarquer plus d'une fois dans
cet ouvrage que le mal est une
suite de la privation, et je crois
avoir expliqué cela d'une maniere assés intelligible.

S. 383, V. Obj.: On a donc
eté bien aise de faire considerer
que toute realité purement positive ou absolue est une perfection, et que toute imperfection vient de la limitation, c'est

Thomas.

est falsum: omne agens intendit bonum. Malum igitur per se non est causa alicuius, sed solum causa per accidens, omnis autem causa per accidens reducitur ad causam per se. Malum igitur causatum est a bono secundum quod habet de virtute activa.

c. 7: Malum nihil aliud est quam privatio eius quod quis natus est et debet habere. Privatio autem non est aliqua essentia sed est negatio in substantia. Unumquodque secundum suam essentiam habet esse. Ipsum esse est bonum, nulla igitur essentia malum est.

c. 9: Magis malum dicitur quod est magis privatum per augmentum causae privantis.

III, 10: Ex materiae indispositione causatur in effectu defectus. Si enim materia sit indisposita ad recipiendam impressionem agentis, necesse est defectum sequi in effectu. Nec hoc imputatur ad aliquem defectum agentis, si materiam indispositam non transmutat ad actum perfectum; unicuique enim agenti naturali est virtus determinata secundum modum suae naturae, quam si excedat

Leibniz.

à dire du privatif: car limiter est refuser le progrès, ou le plus outre. Or Dieu est la cause de toutes les perfections, et par consequent de toutes les realités, lorsqu'on les considere comme purement positives. Mais les limitations, ou les privations, resultent de l'imperfection originale des creatures qui borne leur receptivité. Aussi at-on fait voir dans le present ouvrage, comment la Creature en causant le peché est une cause deficiente; comment les erreurs et les mauvaises inclinations naissent de la privation; et comment la privation est efficace par accident.

S. 410: Après tout on trouve que tous ces maux, dont nous avons parlé, viennent par accident de bonnes causes.

S. 339 c. 377: Il reste seulement la difficulté qui vient du concours de Dieu avec les actions de la Creature qui semble interesser de plus pres, et sa bonté, par rapport à nos actions mauvaises et nostre liberté par rapport aux bonnes actions, aussi bien qu'aux autres. J'ay déja établi, que le concours de Dieu consiste à nous donner continuellement ce qu'il y a de réel en nous et en nos

Thomas.

non propter hoc erit deficiens in virtute, sed tunc solum quando deficit a mensura virtutis sibi debitae per naturam.

III, 71: Divina gubernatio qua Deus in rebus gubernatis non excludit operationem causarum. Contingit provenire defectum in effectu propter defectum causae secundae agentis licet in Deo nullus sit defectus. Sicut hominem cuius vis motiva est fortis contingit claudicare non propter defectum virtutis sed propter tibiae curvitatem.

III, 71: Solvitur etiam quorundam dubitatio, utrum scilicet actiones malae sint a Deo. Omne agens actionem suam producit inquantum agit virtute divina et ex hoc est Deus omnium et effectuum et etiam actionum causa, itemque malum et defectus in his quae providentia divina reguntur accidit e conditione secundarum causarum, in quibus potest esse defectus, actiones malae non sunt a Deo sed a causis proximis deficientibus. Quantum autem ad id quod de actione et de entitate habent oportet quod sint a Deo

Leibniz.

actions, autant qu'il enveloppe de la perfection, mais que ce qu'il y a là dedans de limité et d'imparfait est une suite des limitations precedentes, qui sont originairement dans la creature. S. 346 c. 388: Les limitations et imperfections y naissent par la nature du sujet, qui borne la production de Dieu; c'est la suite de l'imperfection originale des creatures.

S. 450: Eodem plane modo Deum dicendum est Creaturis perfectionem tribuere, sed quae receptivitate ipsarum limitetur: ita bona erunt a Divino vigore, mala a torpore creaturae.

S. 348 c. 392: Pour ce qui est de cette derniere proposition elle peut être vraye dans un fort bon sens; Dieu est la seule cause principale des realités pures et absolues, ou des perfections. Causae secundae agunt in virtute prima. Mais lorsqu'on comprend les limitations et les privations sous les realités, l'on peut dire que les causes secondes concourent à la production de ce qui est limité. Sans cela, Dieu seroit la cause du peché et même la cause unique.

Thomas.

sicut claudicatio est a virtute
motiva quantum ad id quod
habet de motu, quantum vero
ad id quod habet de defectu
est ex curvitate cruris.

Unregelmäßigkeit und Unvollkommenheit in den
Teilen erhöht die Regelmäßigkeit und Vollkommenheit des Ganzen.

III, 71, 6: Bonum totius
praeeminet bono partis. Ad
prudentem igitur gubernatorem
pertinet negligere aliquem defectum bonitatis in parte, ut
fiat augmentum bonitatis in
toto. Et si malum a quibusdam
partibus universi subtraheretur
multum deperiret perfectioni
universi, cuius pulchritudo ex
ordinata bonorum et malorum
adunatione consurgit, dum mala
ex bonis deficientibus proveniunt
et tamen ex eis quaedam bona
consequuntur ex providentia
gubernantis sicut et silentii interpositio facit cantilenam esse
suavem.

II, 28: Forma universi consistit in distinctione et ordine
partium eius. Bonum et optimum universi consistit in ordine
partium ipsius ad invicem, qui
sine distinctione esse non potest: per hunc ordinem universum in sua totalitate constituitur, quae est optimum ip-

S. 384: Et la limitation ou
l'imperfection originale des creatures fait que même le meilleur
plan de l'Univers ne sauroit
recevoir plus de biens, et ne
sauroit être exemté de certains
maux, mais qui y doivent tourner à un plus grand bien. Ce
sont quelques desordres dans
les parties, qui relevent mer-
veilleusement la beauté du tout,
comme certaines dissonances,
employées comme il faut, rendent l'harmonie plus belle.

S. 121: Car Dieu ne pouvoit
pas luy (à l'univers) donner
tout sans en faire un Dieu; il
falloit donc qu'il y eût des differens degrés dans la perfection
des choses, et qu'il y eût aussi
des limitations de toute sorte.

sius. Ipse igitur ordo partium universi et distinctio earum est finis productionis universi.

III, 97 : Diversitas formarum diversum gradum perfectionis requirit. Et hoc evidenter apparet naturas rerum speculanti. Inveniet enim, si quis diligenter consideret, gradatim rerum diversitatem compleri, inanimata corpora, plantae, irrationabilia animalia, intellectuales substantiae et in singulis horum inveniet diversitatem. Unde patet quod rerum diversitas exigit quod non sint omnia aequalia sed sit ordo in rebus et gradus.

III, 71, 2 : Perfecta bonitas in rebus creatis non inveniretur, nisi esset ordo bonitatis in eis, ut scilicet quaedam sint aliis meliora. Tolleretur summus decor a rebus, si ab eis ordo distinctorum et disparium tolleretur et quod est amplius tolleretur multitudo a rebus, inaequalitate bonitatis sublata, cum per differentias quibus res ab invicem differunt, unum altero melius existat et sic si aequalitas omnimodo esset in rebus, non esset nisi unum bonum creatum, quod manifeste perfectioni derogat naturae.

III, 93 : Bonum autem et melius non eodem modo considerantur in toto et in partibus.

S. 179: Donc puisqu'il faut à la sagesse de Dieu un monde de corps, un monde de substances capables de perceptions et incapables de raison, enfin puisqu'il falloit choisir de toutes choses possibles, ce qui faisoit le meilleur effect ensemble, et que le vice est entré par cette porte: Dieu n'auroit pas été parfaitement bon, parfaitement sage, s'il l'avoit exclu.

S. 204: Cette combinaison qui fait tout l'univers est la meilleure; Dieu donc ne put se dispenser de la choisir, sans faire un manquement, et plustost que d'en faire un, ce qui luy est absolument inconvenable, il permet le manquement ou le peché de l'homme qui est enveloppé dans cette combinaison.

S. 182: Dieu veut l'ordre et le bien, mais il arrive quelque fois que ce qui est desordre dans la partie est ordre dans le tout.

S. 245 § 212: Ce qui trompe en cette matiere est, comme j'ay déja remarqué, qu'on se

Thomas.

In toto enim est integritas quae in partium ordine et compositione relinquitur: unde melius est toti quod sit inter partes eius disparitas quam quod omnes partes essent aequales unaquaque earum perveniento ad gradum nobilissimae partis. Quaelibet autem pars inferioris gradus in se considerata melior esset si esset in gradu superioris partis. Ad aliud igitur tendit intentio particularis agentis et universalis. Nam particulare agens tendit ad bonum partis absolute et facit eam quanto meliorem potest, universale autem agens tendit ad bonum totius, unde aliquis defectus est praeter intentionem particularis agentis, qui est secundum intentionem agentis universalis. Corruptio, diminutio et omnis defectus est de intentione naturae universalis, non autem naturae particularis.

III, 45 : Est ad perfectionem universi pertinens non solum quod sint multa individua sed quod sint etiam diversae rerum species et per consequens diversus gradus in rebus.

II, 45 : Si aliquis agens cuius potentia est ad plures effectus, faceret unum illorum tantum, potentia eius non ita completa reduceretur in actum sicut cum

Leibniz.

trouve porté à croire que ce qui est le meilleur dans le tout est le meilleur aussi qui soit possible dans chaque partie.

S. 213 : Mais la partie du meilleur tout n'est pas nécessairement le meilleur qu'on pouvoit faire de cette partie; puisque la partie d'une belle chose n'est pas tousjours belle pouvant être tirée du tout, ou prise dans le tout d'une manière irrégulière.

S. 235 : ou plustot qu'on peut concilier le mal ou le moins bon dans quelques parties avec le meilleur dans le tout.

S. 179 : Multiplier uniquement la même chose quelque noble qu'elle puisse être, ce seroit une superfluité, ce seroit une pauverté.

S. 241 c. 211 : Je reponds, que ce seroit une irrégularité d'être trop uni, cela choqueroit les regles de l'harmonie. „Et citharoedus ridetur chorda qui semper oberrat eadem.

c. 200 : Si chaque substance prise à part étoit parfaite, elles seroient toutes semblabes; ce qui n'est point convenable ny possible.

Thomas.

facit plura: Ergo non esset perfecta Dei similitudo in universo, si esset unus tantum gradus omnium entium. Propter hoc igitur est distinctio in rebus creatis, ut perfectius Dei similitudinem consequantur per multa quam per unum.

Leibniz.

S. 208: Dieu est incapable d'en avoir (sentiment de regret et le deplaisir), et n'en trouve pas aussi de sujet, il sent infiniment sa propre perfection, et même l'on peut dire que l'imperfection dans les creatures detachées luy tourne en perfection par rapport au tout, et qu'elle est un surcroit de gloire pour le Createur.

Das Böse hebt den Wert des Guten hervor und bezweckt ein größeres Gut.

I, 71, 7: Deus maxime cognoscit quod est optimum, ordo universi ad quem sicut ad finem omnia particularia bona ordinantur. In ordine universi sunt quaedam sc. particularia bona quae sunt ad removendum nocumenta quae possent ex quibusdam aliis provenire bonis.

III, 71, 2: Ad providentiam autem gubernantis pertinet perfectionem in rebus gubernatis conservare non autem minuere. Igitur non pertinet ad divinam providentiam, ut omnino excludat a rebus potentiam deficiendi a bono. Hanc autem potentiam sequitur malum et ipse defectus boni malum est.

III, 71, 5: Si malum totaliter ab universitate rerum per divinam providentiam excluderetur,

S. 247: Je reponds que Dieu choisissant le meilleur possible, on ne luy peut objecter aucune limitation de ses perfections, et dans l'univers non seulement le bien surpasse le mal, mais aussi le mal sort à augmenter le bien.

S. 181: Dieu a une raison plus forte et bien plus digne de luy de tolerer les maux. Non seulement il en tire de plus grands biens, mais encor il les trouve liés avec les plus grands de tous les biens possibles: de sorte que ce seroit un defaut de ne les point permettre.

S. 397: Et que ce dessein du meilleur estant d'une telle nature, que le bien y doit estre

oporteret etiam bonorum multitudinem diminui, multa enim
bona sunt in rebus quae nisi
mala essent, locum non tenerent
sicut non patientia iustorum si
non esset malignitas persequen-
tium.

III, 71, 7: Si nulla mala
essent in rebus multum de bono
hominis diminueretur, nam bonum ex compositione mali magis
cognoscitur sicut quantum bonum sit sanitas infirmi maxime
cognoscunt, qui etiam ad eam
magis exardent quam sani. Multum de bono hominis diminueretur et quantum ad cognitionem
et quantum ad boni desiderium
vel amorem.

rehaussé comme la lumiere par
les ombrages de quelque mal,
incomparablement moindre que
ce bien, Dieu ne pouvoit point
exclure ce mal, ny introduire
certains biens exclus dans ce
plan sans faire du tort à sa
supreme perfection.

S. 114 c. 35: L'on sait qu'il
a soin de tout l'Univers dont
toutes les parties sont liées, et
l'on en doit inferer qu'il a eu
une infinité d'égards, dont le
resultat luy a fait juger qu'il
n'étoit pas à propros d'em-
pecher certains maux.

S. 266: Aussi ne nous ap-
percevons nous du bien de la
santé et d'autres biens sem-
blables, que lorsque nous eu
sommes privés?

S. 109: Un peu d'acide,
d'acre ou d'amer plait souvent
mieux que du sucre; les ombres
rehaussent les couleurs, et même
une dissonance placée où il faut,
donne du relief à l'harmonie.

G o t t   w i r k t   s e c u n d u m   m o d u m   n a t u r a e   c r e a t u r a r u m.

III, 71, 3: Optimum in gubernatione qualibet est, ut rebus
gubernatis secundum modum
suum provideatur: in hoc enim
regiminis iustitia consistit. Sicut igitur esset contra rationem
humani regiminis, si impediren-

Mais quoyque chaque per-
fection de Dieu soit infinie en
elle même, elle n'est exercée
qu'à proportion de l'object et
comme la nature des choses le
porte: ainsi l'amour du meilleur dans le tout l'emporte sur

Thomas.

tur a gubernatore civitatis homines agere secundum sua officia, ita esset contra rationem divini regiminis, si non sineret res creatas agere secundum modum naturae. Ex hoc autem quod creaturae sic agunt sequitur corruptio et malum in rebus.

II, 71, 4: Impossibile est quod agens operetur aliquod malum nisi propter hoc quod intendit aliquid bonum. Prohibere autem uniuscuiusque boni intentionem universaliter a rebus creatis, non pertinet ad providentiam eius qui est omnis boni causa: sic enim multa bona subtraherentur ab universitate rerum sicut si subtraheretur igni intentio generandi sibi simile, ad quem sequitur hoc malum quod est corruptio rerum combustibilium.

III, 20: Ultimus omnium finis est ad Deum assimilari. Assimilantur Deo, inquantum est bonus. Bonitatem autem creaturae non assequuntur eo modo sicut in Deo sed secundum suum modum.

III, 76: Inconveniens videtur quod singularia cognoscens eorum ordinem non velit, in quo

Leibniz.

toutes les autres inclinations ou haines particulieres.

S. 177: Dieu a soin de l'Univers, il ne neglige rien, il choisit le meilleur absolument. Si quelqu'un est mechant ou malheureux avec cela, il luy appartenoit de l'être.

S. 178: L'on objecte icy, que l'affection de Dieu pour la vertu n'est donc pas la plus grande qu'on puisse concevoir, qu'elle n'est point infinie. On y a déja repondu sur la seconde maxime, en disant que l'affection de Dieu pour quelque chose créée que ce soit, est proportionée au prix de la chose.

S. 203: Mais l'origine du peché vient de plus loin, sa source est dans l'imperfection originale des creatures: cela les rend capables de pecher, et il y a des circonstances des choses, qui font que cette puissance est mise en acte.

S. 200: L'homme est luy même la source de ses maux: tel qu'il est, il étoit dans les idées. Dieu, mû par des raisons indispensables de la sagesse, a decerné qu'il passât à l'existence tel qu'il est.

S. 144 c. 78: Dieu formant le dessein de créer le monde, s'est proposé uniquement de

Thomas.

bouum praecipuum rerum con-
stat, cum voluntas sua sit totius bonitatis prinoipium. Ordo
qui per providentiam in rebus
gubernatis statuitur ex ordine
illo provenit quem provisor in
sua mente disposuit, sicut et
forma artis quae fit iu materia
ab ea procedit quae est in mento
artificis.

Leibniz.

manifester et do communiquer
ses perfections de la maniere
la plus efficace et la plus digne
de sa grandeur, de sa sagesse
et de sa bonté. Mais cela
même l'a engagé à considerer
toutes les actions des creatures
encor dans l'état de pure possibilité, pour former le projet
le plus convenable. Il est
comme un grand Architecte
qui se propose pour bout la
satisfaction ou la gloire d'avoir
bâti un beau palais, et qui considere tout ce qui doit entrer
dans ce batiment: la forme et
les materiaux, la place, la si-
tuation, les moyens, les ouvriers,
la depense avant qu'il prenne
une entiere resolution.

Beschränktheit des mensohlichen Blicks.

III, 41: Oportet principium
activum malorum esse per se
malum. Per se uutem dicimus
tale quod per essentiam suam
tale est: Eius igitur essentia
erit mala. Hoc autem est impossibile, omne enim quod est,
inquantum est ens, necesse est
esse bonum. Dicitur Deus facere
mala vel creare inquantum creat
ea quae secundum se bona sunt
et tamen aliis sunt nociva sicut
lupus quamvis in sua specie
quoddam bonum naturae sit,

S. 233 c. 197: C'est que
Dieu étant la sagesse et la
bonté souveraine, il leur semble
qu'il devroit faire toutes choses comme les personnes sages
et vertueuses souheteroient
qu'elles se fissent, suivant les
regles de sagesse et de bonté
que Dieu leur a imprimées, et
comme ils seroient obligés de
les faire eux mêmes, si elles
dependoient d'eux. Ainsi voy-
ant que les affaires du monde
ne vont pas si bien qu'elles

Thomas.	Leibniz.
tamen ovi est malum et similiter ignis aquae.	pourroient aller à leur avis, et qu'elles iroient, s'ils s'en mêlaient, ils concluent que Dieu qui est infiniment meilleur et plus sage qu'eux, ou plustost la sagesse et la bonté même ne s'en mêle point.
III, 9: Contingit quod est malum uni esse bonum alteri et ideo nec malum importat aliquid quod sit secundum essentiam suam malum, sed aliquid quod secundum se est bonum, malum autem est homini, in quantum privat ordinem rationis quod est hominis bonum.	S. 250: Cette reponse confirme ce que j'ay remarqué cy dessus, en parlant de la conformité de la foy et de la raison, savoir, qu'une des plus grandes sources du paralogisme des objections est qu'on confond l'apparent avec le veritable: l'apparent, dis-je, mais tel qu'il a été tiré de la petite etendue de nos experiences.
	S. 377: Maimonide adjoute, que la cause de leur erreur extravagante est, qu'ils s'imaginent que la Nature n'a été faite que pour eux, et qu'ils comptent pour rien ce qui est distinct de leur personne, d'où ils inferent que quand il arrive quelque chose contre leur gré, tout va mal dans l'univers.

Der Wille und das Böse.

III, 162, 4: Peccatum omne ex aliquo defectu provenit proximi agentis, non autem ex influentia primi agentis ... Primum autem agens peccati ex voluntate hominis non autem	S. 288: Nous avons etabli que le libre arbitre est la cause prochaine du mal de coulpe et ensuite du mal de peine; quoyqu'il soit vray que l'imperfection originale des creatures

Thomas.

a Deo, qui est primum agens,
a quo tamen est quicquid ad
perfectionem actionis pertinet
in actu peccati.

III, 10: Cum igitur voluntas
tendit in actum mota ab apprehensione rationis repraesentantis sibi proprium bonum sequitur debita actio. Cum autem
voluntas in actione prorumpit
ad apprehensionem apprehensivae sensualis vel ipsius rationis aliquid aliud bonum repraesentantis a proprio bono diversum sequitur in actione voluntatis peccatum morale.

III, 85: Omnis electio et
actualis voluntas in nobis immediate ex apprehensione intellectuali causatur: bonum enim
intellectum est obiectum voluntatis et propter hoc non potest
sequi perversitas in eligendo
nisi intellectus iudicium deficiat
in particulari eligibili.

III, 47: Omnia intellectualia
liberam voluntatem habent ex
iudicio intellectus venientem,
voluntas ad quaelibet se nata
est extendere quae ei intellectus
sub boni ratione proponere potest.

Leibniz.

qui se trouve représentée dans
les idées eternelles, en est la
premiere et la plus eloignée.

S. 300 c. 310: Toutes les
creatures intelligentes sont su-
jettes à quelques passions, ou
à des perceptions au moins,
qui ne consistent pas entierement en ce que j'appelle idées
adequates. Quant à nous, outre
le jugement de l'entendement,
dont nous avons une connoissance expresse, il s'y mele des
perceptions confuses des sens,
qui font naitre des passions et
même des inclinations insen-
sibles dont nous ne nous ap-
percevons pas tousjours. Ces
mouvemens traversent souvent
le jugement de l'entendement
practique.

S. 288: La substance libre
se determine par elle même, et
cela suivant le motif du bien
aperçu par l'entendement qui
l'incline sans la necessiter et
toutes les conditions de la liberté
sont comprises dans ce peu de
mots.

S. 300: Une connoissance
bien claire du meilleur determine la volonté; mais elle ne

Thomas.

III c. 73: Bonum apprehensum movet voluntatem, intellectus autem multitudinem formarum comprehendit et propter hoc voluntas multiformes effectus producere potest.

Leibniz.

la necessite point à proprement parler.

S. 413: Mais je tiens que la volonté suit tousjours la plus avantageuse representation, distincte ou confuse, du Bien et du Mal, qui resulte des Raisons, Passions et Inclinations, quoyqu'elle puisse aussi trouver des motifs pour suspendre son jugement.